我的第一本中国通史

魏晋南北朝史

主编◎李　默

学术顾问◎李学勤 罗哲文 俞伟超 曾宪通 彭卿云

经典读物《中华文明大博览》青少年普及版

历史大家李学勤作序推荐

给孩子看的易读易懂好看有趣的通史精品

廣東旅游出版社
GUANGDONG TRAVEL & TOURISM PRESS
悦读书·悦旅行·悦享人生
中国·广州

图书在版编目（CIP）数据

我的第一本中国通史·魏晋南北朝史 / 李默主编. — 广州：广东旅游出版社，2014.1（2022.7 重印）

ISBN 978-7-80766-753-7

Ⅰ.①我… Ⅱ.①李… Ⅲ.①中国历史—魏晋南北朝时代—青年读物 ②中国历史—魏晋南北朝时代—少年读物 Ⅳ.①K209

中国版本图书馆CIP数据核字（2013）第293708号

出 版 人：刘志松
策划编辑：蔡　璇
责任编辑：贾小娇
封面设计：小龙工作室
内文设计：邓传志　冼志良
责任技编：冼志良
责任校对：李瑞苑

我的第一本中国通史·魏晋南北朝史
WODE DIYIBEN ZHONGGUO TONGSHI · WEIJINNANBEICHAOSHI

广东旅游出版社出版发行
（地址：广州市荔湾区沙面北街71号首层、二层　邮编：510130）
广州市樱华印务有限公司印刷
（地址：广州市番禺区钟村街诜敦村大围开发区）
开本：787毫米*1092毫米　1/16
印张：12
字数：195千字
版次：2014年1月第1版
印次：2022年7月第1版第3次印刷
定价：29.80元

序

世间公认，中华文明是人类历史上缔造的最光辉绚丽的文明之一。我们有责任将这一伟大文明的优秀传统普及于国人，进一步介绍于世界。达到这个目的的一种重要方法，就是编著图文并茂的中华文明史。

我国古代的学者，早就提出过“左图右史”的理想，希望用直观的图像来补充文字描述的不足。只是由于当时材料、技术条件的限制，这种愿望无法充分实现。近代各类文物发现众多，尤其是考古学在中国发展之后，编写文字与图像并重的历史书籍的条件便齐备了。

早期有些学者的想法，是给历史研究配置一套参照的图像。这个思想的滥觞，或许可以追溯到明代《三才图会》之类的书籍。日本学者编印的《东洋文化史大系》等等，思路是相近的。在国内，专以文物为主，开此类图谱先河的，是郑振铎先生的《中国历史参考图谱》，曾经广泛流行。不过郑先生的书纯系图集，尚未能收图文互补的效果。同为郑先生编的《插图本中国文学史》，图文兼备，更为读者欢迎，但只限于文学史方面。

近年，很多人想到要编著大规模的“插图本中国通史”，并做了若干尝试。广东旅游出版社推出这部《我的第一本中国通史》，应该说是成功的。这部书重点在于论述中华文明，贯穿以整个历史的纵线，其文字、图片的版面彼此相当，内容同样丰富，真正做到了图文并茂。

图文并重的中国文明史，就方向而言，有利于历史学和考古学的进一步结合。考古学本身是具有独立的理论和方法的学科，然而中国考古学从一开始便以同历史学的密切结合为特点。大家知道，王国维先生20世纪20年代在清华国学研究院讲义《古史新证》中提出的“二重证据法”，在方法论上为考古学的建立发展开拓了道路。“二重证据法”指文献同文物的互相印证，即蕴含着历史、考古的结合。亲手在中国开展考古学工作的考古学家，都以探索和重建古史为职志。最早得到大规模系统发掘的遗址殷墟，其被选定正是出于这样的要求。长期领导中国科学院（后属中国社会科学院）考古研究所的夏鼐先生，1984年在《什么是考古学》文中说，考古学和利用文献记载进行研究的狭义历史学不同，研究的对象只是物质的遗存，但两者同以恢复人类历史的本来面目为目标，如车之两轮，鸟之两翼。对于了解中国有着悠久的文明和丰富的文献传统的人们来说，中国考古学的这种特点乃是自然的。

尽管历史与考古有如此密切的关系，把两者很好地结合起来仍不是容易的事。认识历史文献和考古成果，分别需要特殊的学习与训练。特别是考古学的研究收获，并非轻易就能融会到历史研究中去。在历史知识的普及上，怎样结合考古文物也很不简单。《我的第一本中国通史》在这两方面做了很大努力，使全书成了真正的“纸上博物馆”，成绩是值得肯定的。

说考古学的对象是物质遗存，不等于讲这种遗存仅为物质文化。可能有读者知道，拙见以为每种人类的物质遗存都在不同程度和层面上反映当时的精神文化。大至古城址、陵墓群，小到一件兵器、一个配饰，无非中华文明的产物，寄寓着先民的意念与精神。所以，我们探索中华文明萌生形成、发扬光大的历程，不可缺少考古文物。这正是“纸上博物馆”胜于其他类型的史籍之处。

然而，作为文物考古研究对象的物质遗存，以及由这种遗存所能导出的内涵，究竟是有限的。过去的世界，不可能完整地以遗存的形式保留下来，我们不应当希望考古学能够将《史记》、《汉书》包含的种种全面揭示在人们眼前。因此，在为历史配图时，总是有太多的遗憾，甚至于不很需要的地方，文物数量繁多过剩，而十分需要的场合，有关文物却很少，以至一件也没有。这就要求书的编者广为搜集，又精加选择。《我的第一本中国通史》在这一方面也是做得好的。

这便是我在此要写几句话，向读者推荐的理由。

李学勤

目录

三国

目录

西晋

东晋

目录

南北朝

目录

三国

大事纪

公元220～公元264

● 公元220～224年

● 公元220年
曹操死。曹丕称魏帝，东汉亡。

● 公元221年
刘备称汉帝于成都。孙权称臣于魏。

● 公元223年
刘备死，子刘禅嗣位。

● 公元225～231年

● 公元225年
诸葛亮定南中。

● 公元229年
吴王孙权称帝建吴。

● 公元231年
汉诸葛亮攻魏，魏遣司马懿拒战。

公元254年
魏司马师废魏帝曹芳立曹髦。

公元260年
魏帝曹髦讨司马昭，不克，死。
司马昭立曹奂。

公元233年
吴遣使册公孙渊为燕王，加九锡。

公元233～260年

公元263～264年

公元263年
魏分道攻汉；汉帝刘禅降，蜀汉亡。

公元264年
司马昭为晋王。迁汉帝刘禅于洛阳，
封为安乐公。

曹丕称帝

汉建安二十五年，即魏黄初元年（220年）正月，曹操病死，儿子曹丕继位为魏王。同年十月，汉献帝让位，曹丕称帝（是为魏文帝）。至此，历14帝、195年的东汉王朝名实俱亡。

曹丕趁改朝换代之际，对职官制度进行了若干重要改革。代汉之前，已颁布了陈群所立的九品官人法，严禁宦官干政。称帝后，改相国为司徒，御史大夫为司空，由此恢复了被曹操于汉建安十三年（208年）废除的三公官制（太尉、司徒、司空）。而此后司徒、司空位号虽尊奉，但一般不干预朝政。曹丕又改秘书省为中书省，置监令，主管通达百官奏事，起草诏令，以此分掉尚书部分权力，改变东汉后期尚书权职过重的现象。稍后又颁诏禁绝后族辅政，以革除东汉外戚专权的弊病。这些改革都在一定程度上加强了君主专制，在职官制度史上产生了深远的影响。在经济方面，

◎建安十五年，曹操建成古建筑群铜雀台，曾率诸子作赋庆贺。图为铜雀台出土石狮

曹丕继续推行屯田制，重视水利建设。总之，曹丕称帝代汉后，魏国实力进一步增强。

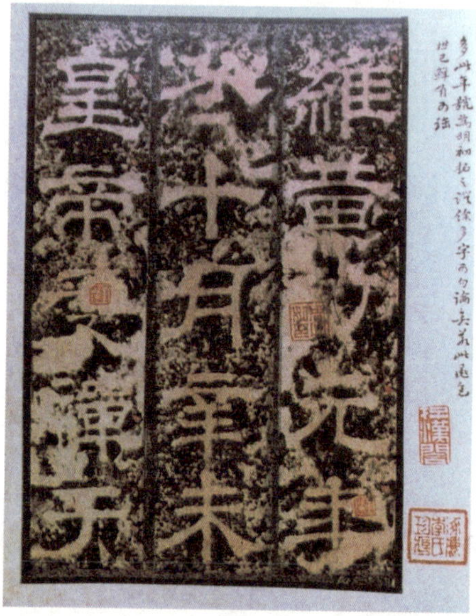

◎魏受禅表碑

◎魏文帝曹丕像

刘备称帝

曹丕称帝后，蜀中传闻汉献帝刘协已被杀害，身为皇室的刘备于是发丧制服，追尊刘协为孝愍皇帝。事后，刘备部下争着说符瑞，纷纷劝刘备即帝位，刘备没有答应。军师诸葛亮上言，认为如果不听从大家的建议，恐怕人心离散。于是刘备才同意。魏黄初二年，即蜀汉章武元年（221年）四月六日，汉中王刘备在成都改元称帝，此即汉昭烈皇帝。因为他以兴复汉室为己任，所以国号仍为汉，改元章武。史称“蜀汉”或“季汉”。刘备以诸葛亮为丞相，许靖为司徒。设置百官，建立宗庙，祭祀先帝。五月十二日，刘备立夫人吴氏为皇后，立儿子刘禅（阿斗）为太子，娶车骑将军张飞的女儿为皇太子妃。

夷陵之战

蜀章武元年（221年）六月，刘备为了夺回荆州和替关羽报仇，急急出兵三峡，进攻孙吴。

从当时形势上来说，应该恢复吴蜀联盟，共拒曹魏，而不宜加深蜀吴之间的矛盾，消耗削弱自己的力量，

◎蜀汉昭烈帝刘备像

◎白帝庙

◎三国黄武元年弩。吴国远射兵器，由铜弩机和木臂两部分构成。

所以刘备部下多人进行劝阻。翊军将军赵云就认为，如先灭魏，则孙权自服；不应置魏不顾而与孙权作战，因为国贼是曹操而不是孙权。刘备不听。处士秦宓讲天时不利，被下狱。当时孙权也遣使求和，吴权臣诸葛瑾还写信给刘备，要他权衡关羽与献帝（当时传说献帝已被魏所杀）究竟谁亲，荆州和天下究竟谁大。但刘备一概拒绝。

刘备命令张飞率兵万人从阆中（今属四川）到江州（今重庆）会合。出发之前，张飞酒醉睡于帐内，被部下张达、范疆刺杀，二人带着张飞的首级顺流投奔了孙权。七月，愤怒的刘备亲自率领大军进攻吴国。

孙权请和不得，只好迎战。他命陆逊为大都督，率领朱然、潘璋、

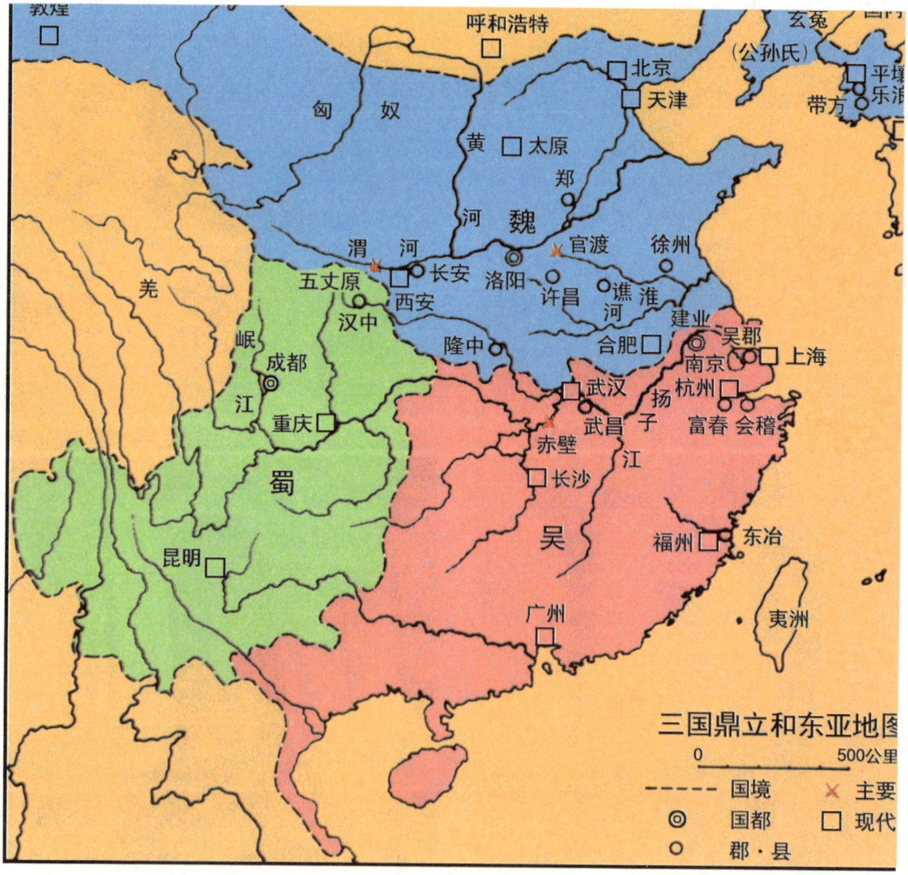

◎三国鼎立图

宋谦、韩当、徐盛、孙桓等将领及士卒5万人进行抵抗。至次年六月，刘备见久持不决，令吴班带领数千人平地立营诱敌进攻，陆逊并不上当。因相持过久，又值天气炎热，蜀军神情疲惫，意志消退。至闰六月，陆逊觉得决战时机已到。他见蜀军在炎炎夏日中连营数百里，决定采用火攻的办法，蜀军大乱，陆逊乘胜率5万人同时发动猛攻，连破蜀军40余营，斩蜀将张南、冯习以及少数民族首领沙摩柯等。刘备逃至马鞍山（今湖北宜昌西北），陆逊率军四面围攻，蜀军土崩瓦解，死伤数万。刘备连夜奔逃，驿站士兵在隘口焚烧器械铠甲以阻断追兵，刘备才得以逃入白帝城（今四川奉节东）。刘备败归白帝城后，忧愤交加，发病不起，于蜀汉章武三年（223年）四月病死于白帝城西的鱼腹县永安宫。蜀国实力也因此大为削弱。

◎张飞像

到蜀汉章武三年（223年）三月，刘备自知不久于人世，便召丞相诸葛亮从成都来白帝城领受遗命。当时刘禅年仅16岁，还不能独立主事，又因诸葛亮忠心耿耿，睿智过人，所以刘备诏命诸葛亮一心辅助后主刘禅，兴复汉室，完成统一大业。同时嘱后主刘禅要像对待自己的父亲一样对待丞相诸葛亮，修身方面应做到“勿以恶小而为之，勿以善小而不为”，安排好后事后，四月，刘备抱憾而逝，终年63岁，被追尊为昭烈帝。

诸葛亮“六出祁山”

三国时期，在蜀汉的南部，即今之云南、贵州和四川的南部，当时称为“南中”，散居着许多少数民族，总称为“西南夷”。刘备定蜀后，置都督控制南中，并用南中地区的夷汉豪强担任地方官。但蜀在南中的统治极不巩固。

建兴元年（223年）刘备死后，牂柯郡（今贵州凯里西北）太守朱褒，益州郡（今云南晋宁东）的大姓雍闿，越巂郡（今四川西昌）叟族首领高定同时反叛，雍闿还缚送太守张裔到东吴，并派孟获到各地煽动夷人反对蜀汉。面对这种情况，肩负着统一全国、兴复汉室重任的诸葛亮，首先安定后方，实现他“南抚夷越”的策略。

◎诸葛亮像。中国人崇尚的不是希腊神话里阿瑞斯那样的冲锋陷阵的勇士，而是诸葛亮这样的羽扇纶巾、运筹帷幄的儒帅。

◎诸葛亮擒孟获处碑

建兴五年（227年），诸葛亮率军北屯汉中，准备北伐。

次年（228年）正月，诸葛亮派赵云、邓芝诈为疑兵，吸引魏军部分主力，自己则亲率大军攻祁山（今甘肃西和祁山堡）。诸葛亮兵锋所向，魏军望风披靡，魏天水、南安、安定三郡相继叛魏降蜀，魏国朝野震动，立即派曹真迎敌，派张郃督步骑五万在祁山抗击诸葛亮。诸葛亮派参军马谡

◎古隆中。诸葛亮在此向刘备提出统一全国的谋略，即著名的《隆中对》。

为先锋，率军与张郃战于街亭。然而马谡不听诸葛亮的指挥，被张郃切断水道，大败军溃。诸葛亮进无所据，只好率军退回汉中。

同年（228年）冬天，诸葛亮听说魏将曹休攻吴失败，魏兵东下，于是第二次出师。诸葛亮引兵数万出散关，围陈仓。因陈仓围攻20多天不克，粮尽退兵。

建兴七年（229年）春，诸葛亮派陈式进攻魏武都、阴平二郡，取得二郡，班师回蜀。

建兴八年（230年），魏将司马懿、张郃、曹真分三路进攻汉中。诸葛亮率军北上，屯于城固（今陕西城固西北）赤坂。适逢大雨，道路不通，魏军因而退回。

建兴九年（231年）二月，诸葛亮出军围祁山，造木牛运粮。蜀军斩杀魏军3000人，大胜。六月，诸葛亮因粮尽退军。张郃追击，被蜀军射杀。建兴十二年（234年）春，诸葛亮领兵十万出斜谷攻曹魏，四月，蜀军占据渭水南岸的五丈原（今陕西眉县西南），与北岸二十万魏军相对峙。由于军粮不继，中途退军。同年八月，诸葛亮不幸病死，蜀军只好撤退。

诸葛亮六次与曹魏的战争，实际上一次为防御战，五次为主动出击，而从祁山出兵仅两次，“六出祁山”的说法并不准确。

孙权称帝

吴黄武八年，黄龙元年（229年）四月十三日，孙权在武昌称帝（即吴大帝），改元黄龙。

孙权自建安五年（200年）继其兄孙策的事业，便成为江东一方之主。魏、蜀相继称帝以后，孙权因迫于形

◎孙权像

势，向魏称臣，曲意事魏。

直到229年，孙权才在武昌南郊即皇帝位。其时，因夏口（今湖北武汉）、武昌（今湖北鄂城）都传言黄龙、凤凰出现，于是改元黄龙，立国号为吴，大赦天下。追尊孙坚为武烈皇帝，孙策为长沙桓王，立子孙登为皇太子。九月，孙权迁都建业（今江苏南京）。

孙权称帝，是三国鼎立局面正式形成的标志。三国之中，尽管孙权称帝最晚，但从割据江东起计算，却是历时最久的。

◎曹操像

曹氏父子文学成就斐然

文学史上有“三曹”之称的曹氏父子——曹操、曹丕、曹植，为文人诗歌的第一个繁荣时期（即建安诗歌）的产生、发展作出了极大贡献，取得了很高的文学成就。

东汉建安（196年—220年）年间至曹魏黄初、太和年间（220年—233年）产生的诗歌被称为“建安诗歌”。代表人物除曹氏父子之外，还有“建安七子”。建安诗人大都经历了汉末的离乱，所作诗歌多是缘事而发，悲壮慷慨，时代特征鲜明。

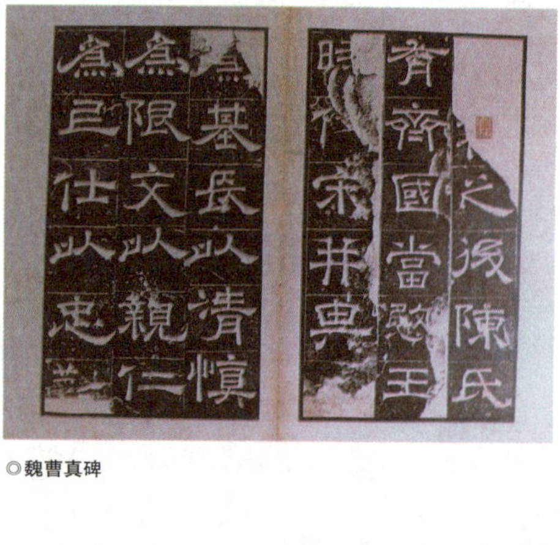

◎魏曹真碑

“三曹”的风格并不完全一样，曹操有其政治家的气势，曹植在政治上的失意使他把注意力转向神话和其他境界。但与古诗十九首和唐代诗歌相比，他们的沉着品格不容置疑，属于中国文学史上独此一家。

曹氏父子在文学上的成就，具体来说各有特色。曹操的文学成就主要是诗歌方面；曹丕则以诗歌和文学批评为最；曹植是建安文学集大成者，在诗歌艺术上有很多创新发展。艺术风格上，曹操的诗歌朴实无华，以气韵深沉、感情真挚见长，最典型的情调就是慷慨悲凉，在体裁上开创了以乐府写时事的传统；曹丕的诗歌笔致细腻，语言流畅，格调清新，有完整成熟的七言诗作品，他的《典论·论文》开综合评论作家作品之先河；曹植的诗、赋、散文在质量数量上都冠称当时，他的诗歌明朗和谐清新，尤其在五言诗上作出了较大贡献，他的诗不仅有“雅好慷慨”的一面，也有文采华丽的一面，“骨气奇高，词采华茂，情兼雅怨，体被文质”是对他的诗恰当的评价，而在诗歌史上，他被看作五言诗一代宗匠，钟嵘称赞其“粲溢今古，卓尔不群”。

小辞典 人物

曹植

曹植（192年—232年），字子建，曹丕之弟，是建安文坛上最有成就的作家，《诗品》称其为“建安之杰”，其诗歌创作在质量上都超过了同时代的文人，堪称当时之冠。

曹植的一生以曹丕登基为界分为得意与失意两个时期。他早年深得曹操宠爱，在相对安定的环境中过着贵公子的生活，后来在与曹丕争太子位中失势，备受压抑。其诗歌创作亦相应分为前后期，具有不同的内容特色。前期诗作以《白马篇》、《名都篇》为代表，抒发建功立业的雄心壮志，雄健刚劲，意气风发。后期诗歌则主要抒发他壮志难酬的激愤不平之情，代表作有《赠白马王彪》、《吁嗟篇》、《野田黄雀行》等。在艺术表现上，曹植是建安诗坛上成就最高的。他工于起调，善用比喻，常有警句，如“高树多悲风，海水扬其波”，“惊风飘白日，忽景驰西流”。此外，他注重炼字、对偶与和声，其诗既富激情，又有文采，《诗品》以“骨气奇高，词采华茂”来形容其诗歌的艺术风格。

◎洛神赋图

魏编《皇览》

东汉末年至三国时代，由于天下大乱，图书典籍散佚极多。推崇儒学、颇有才华的魏文帝曹丕对此忧心忡忡，便于黄初元年（220年）下诏叫刘劭、王象、缪袭、桓范、韦诞等集编群书。被时人称为“儒宗”的王象兼任秘书监，组成编集班子。他们除了从皇室藏书中摄取资料外，又广泛于民间征集图书，然后将这些“五经”群书分类整理，按部成集。魏黄初三年（222年）全书编成，计有四十多部，每部数十篇，共一千多篇，总计八百多万字。因编集还有一个目的是供皇帝阅读，所以这部书起名为《皇览》。

《皇览》是中国最早的类书，这部书的编成在当时来说有利于古籍的抢救并促成魏诏贡士主攻经学，从而使经学得到进一步发展。但这部书于隋唐后散佚，清代孙冯翼有辑本一卷，录《逸祀》、《冢墓记》二类八十多条，还不到四千字。

支谦在吴译经

支谦，字恭明，又名越，祖先为大月氏人，生于汉土，汉献帝末年，从洛阳避乱先到吴武昌（今湖北鄂城），后到建业（今江苏南京）。他自幼学习中国书典，后跟随著名佛经翻译家支谶的弟子支亮学习佛教，因而博览经籍，深通佛学。他还通晓六国语言，多才多艺，与支谶、支亮名重一时，有“天下博知不出三支”之

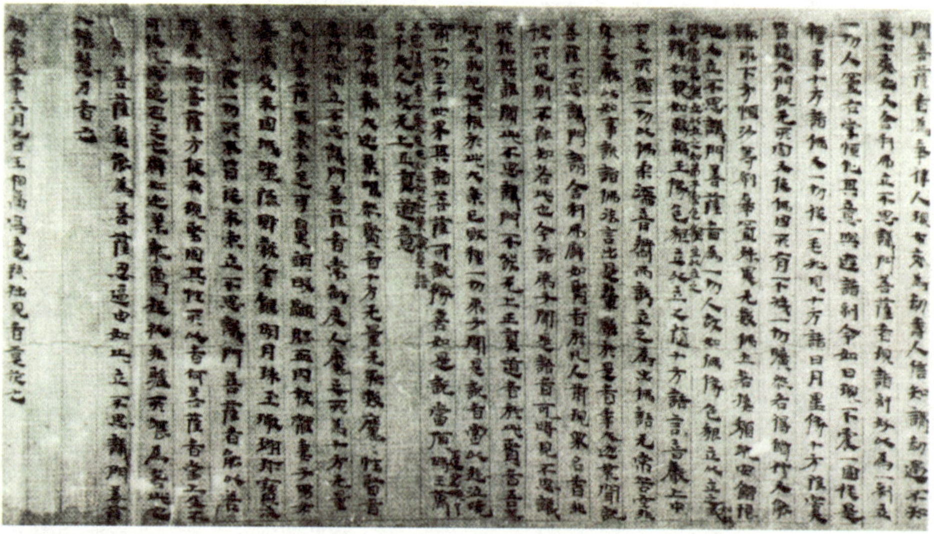

◎支谦译《维摩诘经》

说。孙权授予他博士，并请他做太子的老师。太子登死后，支谦隐居穹隆山中，不参与世务，从沙门竺法兰受持五戒，专事佛僧。

吴黄武二年（223年）支谦开始翻译佛经，至吴建兴二年（253年），历时三十年，共译出佛经四十九部，主要有《维摩诘经》、《大明度无极经》、《首楞严经》等，并制《赞菩萨连句梵呗》三契。支谦由于兼通梵汉文字，学贯内外典籍，因此所译佛经文丽简略，义显意明，又较符合汉人习惯。他还开创了佛经翻译的“会译”之法，在译经时把一些名词、概念译成老庄哲学中相应的词语，开了魏晋南朝佛教玄学化的先河。

逸闻趣事

罗马商人秦论入华

罗马帝国（时称大秦）在西汉时期就与中国建立了联系，在三国魏晋时期，除了通过“丝绸之路”与中国北方保持联系外，还通过海路与南中国交往。商人秦论到吴就是一例。

吴黄武五年（226年），秦论从海道至交趾（今越南河内东），由交趾太守吴邈派人送他到建业（今江苏南京）。孙权亲自接见秦论，问及方土谣俗，秦论一一回答。当时诸葛恪讨伐丹阳，俘获当地矮人一批，秦论见了，说他的国家很少见到这样的人。秦论在建业住了七八年，回国时孙权送给秦论矮人男女各十人，并派差吏刘咸送秦论回国。

孙权对秦论的礼遇，不仅说明了当时中国与海外的密切交往，也体现了孙吴对商业的重视。

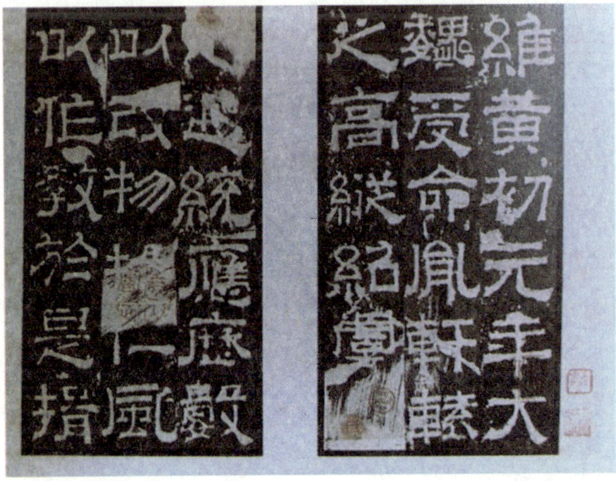

◎魏孔羡碑

“建安七子”主导文坛发展

建安年间（196年—220年），在曹操统治集团里，聚集了七位有杰出才华的文学家，他们是孔融、陈琳、王粲、徐干、阮瑀、应玚、刘桢，史称“建安七子”，他们与“三曹”一起，创造了中国文学史上一个辉煌的时代，其独具特色的文学风格——“建安风骨”从此主导了文坛，成了后世文学所推崇和效法的仪范。

孔融（153年—208年），字文举，少年颖慧，汉末屡被征辟，归曹操后，曾作少府，因不满曹操的雄诈，多所乖忤，被曹操免官。后又拜太中大夫，退居闲职，好士待客，座上客满，奖掖推荐，声望很高，为曹操所忌，被构罪杀害。

陈琳（？—217年），字孔璋，广陵射阳（今江苏宝应）人，是七子中年纪最长者，汉末曾任大将军何进主簿。曾避冀州，为袁绍幕僚。袁军典章文籍，军中文书，大多出于其手。《为袁绍檄豫州文》最为著名，文中历数曹操罪状，极富煽动性。官渡之战后，被曹操俘获，曹操深爱其才，没有追究他，任命他为司空军谋祭酒。后又升任丞相门下督，建安二十二年（217年）与刘桢、应玚、徐干同时染疫疾而死。

王粲（177年—217年），字仲宣，山阳高平（今山东邹城）人，少有才名，汉末任黄门侍郎。在荆州16年，不被刘表重用，后任曹操军谋祭酒。

徐干（170年—217年），字伟长。

阮瑀（？—212年），字元瑜。

应玚（？—217年），字德琏。

刘桢，字公干。

以上七人的生活经历大致相同。前期历经了汉末的社会大动乱，虽然地位和家庭背景各不相同，但无一能逃脱在战火中颠沛困顿的命运。后期依附于曹操，孔融、王粲担任过高级官职，其余也都是曹氏父子的近臣。由于他们大致相同的生活经历，因而在文学创作上也表现出大致相同的内容和风格。刘勰《文心雕龙》归纳这一风格产生的原因时说，这种慷慨激昂的文学作品是由于社会积久的离乱、风俗的颓衰而造成的，在这种情形下，文学作品思想才有深度，而且含蓄隽永，有慷慨之气。这一论点是十分精辟的。

文化小辞典

“建安风骨”

建安文学在悲壮慷慨的基调中，感伤离乱、悲悯人民和慨叹人生，联系着及时建功立业的政治豪情，从而显得“志深笔长”、“梗概多气”，是沉着品格的典型代表。这一鲜明的风格使得它被后世称为“建安风骨”或“汉魏风骨”，在中国文学史上产生了深远影响。

曹氏父子以及“建安七子”卓然的文学成就，以及他们对建安文学的巨大贡献，使“建安风骨”形成并被高扬。“建安风骨”成为后代诗歌复古、纠正颓靡文风的大旗，在文学史上有极为深广的意义。这种既有思想深度，又含蓄蕴藉，富有慷慨悲壮之气的文学风格是“建安七子”和曹氏父子对中国文学史的突出贡献，这种风格被表现在诗歌、辞赋、散文及其他文学创作活动之中，主导了建安时期的文坛。后世文学革新运动，也多以建安风骨相号召，初唐陈子昂就是以此为旗号，从而形成一股洪流，将唐代诗歌创作推向顶峰的。

魏使用《景初历》

魏景初元年（237年）三月，采用太史、尚书郎杨伟所创造的《景初历》，以代替黄初元年（220年）太史令高堂隆、太史丞韩翊所订的《黄初历》。在历法方面，汉初沿用秦的《颛顼历》，汉武帝时改行《太初历》，东汉章帝时又改行《四分历》。后两种历法都是以平朔注历，其缺点是所定的朔望不很符合实际，难以依据历法知道日月食的准确日期。东汉末造《乾象历》的刘洪，认识到这个缺点产生的原因，是由于不了解月亮每日运动的速度并不均匀这一现象。他在推算日食时，为适应月亮的运动规律，便采取把某些月份的天数加以增减的办法，使日食出现在朔日，这就开创了定朔的先声。

但他没用这个方法制历，而杨伟造《景初历》，就有意采用了定朔的方法。杨伟，字世英，冯翊（今陕西大荔）人。魏青龙（233年—237年）中为尚书郎、太史。正始五年（244年）曾为曹爽参军。他是三国时天文学家，除了运用定朔法制历外，他还发现交食之起不一定在交点，凡在食限之内均可以发生。据此，他发明了推算日月食食分和初亏方位角的方法，并应用到《景初历》中去，这在当时是最为先进的。《景初历》朔策取2953060日，比刘洪的《乾象历》精密，但为了符合19年7闰，岁数实际上又取3605469日，则比《乾象历》差距更大。

魏使用景初历后，一直沿用到晋、宋两朝，才被《元嘉历》所代替。但杨伟在制历中的一些创新却一直影响到后世的历法。

刘劭代表才性学

东汉末年，因社会变乱，儒家独尊的地位受到冲击削弱，出现了儒、道、名、法竞起与合流的趋势，评论人物的标准随之发生了变化。东汉历来采取地方察举和朝廷征辟来选取官吏，很重视人物的品评鉴别，主要以德性论人。曹操选人则恃重才能，主张“唯才是举”，这种变化促使思想界由对具体人物的品评，转入对人才标准问题的讨论。于是在汉魏之际形成了关于一门讨论人物的标准和原则的学说，即“才性之学”，其代表人物有刘劭、钟会、傅嘏、王广、李丰等。据史书记载，关于才性学的著作有多种，然现仅存刘劭的《人物志》。

刘邵，字孔才，广平邯郸（今河北邯郸）人。约生于汉灵帝建宁（168年—172年）年间，卒于魏正始（240年—249年）年间，官至散骑常侍，正始中执经讲学，赐爵关内侯。

《人物志》接触到两个重要问题：一是才性问题，即识别人物的原则和标准。二是“有名”与“无名”问题，开以老庄思想解释儒家“圣人观”的先河。它是从汉代经学过渡到以王弼、何晏为代表的玄学思潮的重要环节。刘邵认为“圣人”以中庸为其德，说：“夫中庸之德，其质无名，咸而不碱，淡而不醇，质而不缦，文而不绩，能威能怀，能辩能讷，变化无方，以达方节。”刘劭用道家的“无名”解释儒家的“中庸”，表现出儒、道合流的倾向。

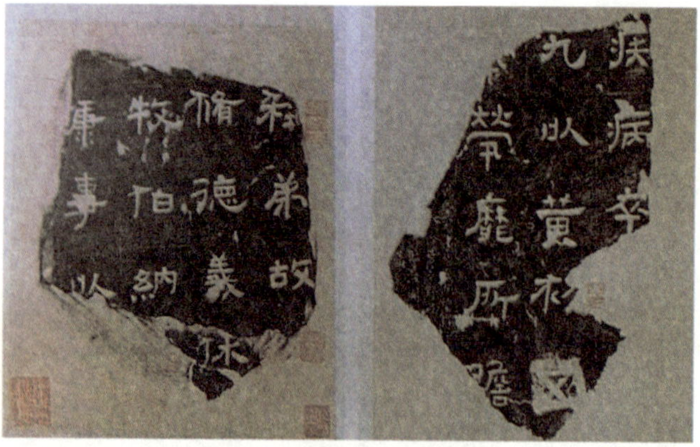

◎魏黄初残石

马钧作指南车

魏青龙三年（235年）八月，马钧受魏明帝曹叡之诏制作指南车。他利用差动齿轮机械构造原理，在双轮单辕车上立一木人，车刚刚起动时，使木人手指南方，由于齿轮作用，不论车行的方向怎样改变，木人始终手指南方。

马钧，字德衡，扶风（今陕西兴平）人，是我国古代科技史上最负盛名的机械发明家之一。马钧年幼时家境贫寒，自己又有口吃的毛病，所以不善言谈却精于巧思，后来在魏国担任给事中的官职。指南车作成后，他又奉诏改制木偶百戏。他用大木雕构为轮，放在平地上，下面通过流水驱动木轮旋转，上设女乐、杂技、百官行署等，木轮转动后，木偶便活动自如，按照设计表演出各种动作，时人称为“水转百戏”。接着马钧又改进了织绫机；研制了用于农业灌溉的工具龙骨水车（翻车）。此后马钧还改制了诸葛亮所造的连弩，使之增加五倍效率；又研制出转轮式连续抛石机，作为攻城器具。

马钧奇思绝世，被时人称为“天下之名巧”。他的一系列发明创造，为当时社会生产力的发展和技术进步作出了贡献。

文化小辞典

《出师表》

建兴五年（227年）三月，诸葛亮率军北驻汉中（今陕西汉中东），准备北伐中原，完成兴复汉室的大业。临出师前，他上《出师表》给蜀帝刘禅，开宗明义地指出：“先帝创业未半而中道崩殂。今天下三分，益州疲弊，此诚危急存亡之秋也。”他希望后主能“亲贤臣，远小人”，严明法治。并表明自己的心迹：“受命以来，夙夜忧叹，恐托付不效，以伤先帝之明。”认为：“今南方已定，兵甲已足，当奖率三军，北定中原。”并以“臣不胜受恩感激，今当远离，临表涕零，不知所言”结束。《出师表》是古代著名的散文作品，其文风质朴清新，平易近人，情辞恳切，肝胆照人。次年正月，诸葛亮兵发祁山，由于前锋马谡违背了指挥，败于街亭（今甘肃庄浪），诸葛亮只好退兵。

◎魏指南车模型

◎吴青瓷熊灯

川南人悬棺

悬棺葬，是一种将死者的棺木放置在悬崖绝壁上的古代墓葬形式。悬棺或利用岩壁间的裂隙之处架设棺木，或利用岩壁上凿孔楔入木桩，以支托棺木，或利用天然岩穴及人工凿穴盛放棺木。棺木大多为独木凿成，一般长方形，也有少数用船棺作为葬具的。葬式有的是一次葬，有的是二次葬，就是等死者尸体腐朽之后将骨殖收入棺内，再放置到悬崖上。

悬棺葬在中国、印度支那半岛、印度尼西亚、菲律宾等地均有发现。在中国，主要分布在广东、广西、福建、浙江、江西、湖北、湖南、四川、云南、贵州、台湾等省区。关于各地发现的悬棺葬的族属，至今尚无定论。据分析，福建、浙江、江西东部的悬棺葬，可能和古代闽越、山越等民族有关；两广的悬棺葬，可能与古代瓯越、骆越等民族有关；湘西的悬棺葬，可能和中古的骧、夷、獠人有关；川南、滇东北以至贵州的悬棺葬，可能与西南少数民族、中古的獠人及后世的仡佬、都掌蛮等民族有关。

◎四川珙县悬崖峭壁上的悬棺

◎四川珙县悬棺内出土的衣物，由此可以了解当时当地人的衣着特点

采用悬棺葬这种葬式的意义，以及当时人们用何种方式把棺木架置于现今看来无法攀缘的绝壁上，至今仍是未解之谜。

倭女王遣使至魏进贡

魏景初二年（238年）六月，倭邪马台国女王派使者到魏国进贡。邪马台国大约位于今日本九州北部或者本州大和（即奈良）一带，其国王卑弥呼是一个独身女子，统属20多个部落。这次她派遣大夫难升米、都市牛利等经朝鲜半岛来到魏都城洛阳，献男女牲口及班布等物品。十二月，魏明帝下诏封卑弥呼为“亲魏倭王”，封难升米为率善中郎将、都市牛利为率善校尉，回赠绀地交龙锦、绛地绉粟罽等精美丝织品和宝刀、铜镜等物。正始元年（240年），魏使携带诏书和金帛等物往倭。正始四年（243年）十二月，卑弥呼再次遣使来魏贡献牲口及倭锦等物。自魏景初二年至正始九年（238年—248年）的10年间，两国使者往返共达6次之多。魏、倭的交往，反映了中国和日本在经济文化方面交流的源远流长。

魏在两淮屯田

魏正始二年（241年）闰六月，魏尚书郎邓艾提出的在淮南、淮北大兴军屯的建议得以实施，并取得显著效果。

为解决对吴作战的军粮问题，魏国令邓艾对与吴接境的淮南、淮北一带进行考察，邓艾将其考察结果写成《济河论》一文。他认为应该广开渠道，增灌溉，通漕运，以尽当地地利，并且要限制许昌（今河南许昌市东）附近的农田用水，集中到淮南、淮北一带来。邓艾建议派2万人屯田淮北，3万人屯田淮南，轮取1万人戍守，4万人屯田，这样一年除了开支，还可积谷500万斛。太傅司马懿对此计划极为赞赏，很快得以实行。

当年，魏自钟离（今安徽凤阳县）以南，横石以西，到泚水（今河南南阳）400余里中，每5里置1营，每营60人，边屯田边戍守。另外，开

◎魏晋砖画出行图。此图的线描用毛笔中锋画成，凝练概括；马的项鬃、腿和尾等处都以一笔画成。构图有鬃散开合的变化，且以队列中随从的密集，显示了出行人员的众多。该图突出地反映了嘉峪关魏晋墓室绘画的艺术水平，是魏晋绘画的杰作。

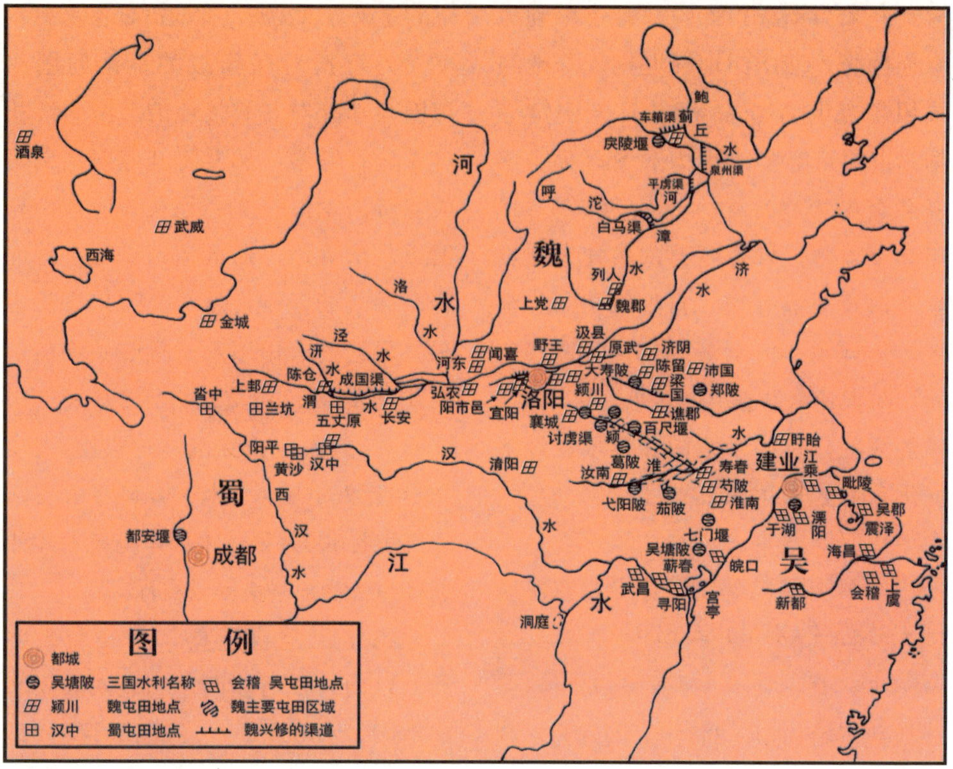

◎屯田示意图

凿、拓宽淮阳、百尺两大漕渠，上引河水，下通淮颍，又在颍水南北修塘挖渠，灌田约2万顷。淮南淮北连为一片，从淮南寿春（今安徽寿县）到淮北陈蔡以至京师（今河南洛阳），400余里屯田线上农官兵田相连，阡陌相属，仓廪林立。10余年后两淮屯田官兵发展到约10余万人。魏在淮南、淮北大规模推行军屯，对于经略东吴、巩固东南边境以及发展当地经济都发挥了很大作用。

蒋琬、董允相继去世，宦官黄皓专蜀政

蜀延熙九年（246年）年底，蜀大司马蒋琬及尚书令董允相继病死。从此，宦官黄皓渐专蜀政。

蒋琬字公琰，零陵湘乡（今属湖南）人。最初以荆州书佐之职随刘备入蜀，任广都（今四川成都东南，一说今四川双流）长。一次，刘备偶然到了广都，见蒋琬正酩酊大醉，不理公事，大怒，要治罪于琬。诸葛亮却认为蒋琬乃是社稷之臣，非百里之才，为其求情，刘备于是仅免其官

职。不久，又任什邡（今四川）令。

蒋琬颇受诸葛亮所器重，诸葛丞相六出祁山，攻打魏国之时，琬以长史身份主持后方供应，常能足兵足食，解除蜀军后顾之忧。蒋琬治蜀有诸葛丞相遗风，蜀国因之政局稳定，百姓安居。董允字休昭，南郡枝江（今湖北）人。历任太子舍人、黄门侍郎、太子洗马之职。允也深得诸葛亮器重。诸葛亮即将北伐，驻扎汉中，考虑到后主年轻，担心其是非不辨，有误国事，于是上疏请求任允为宫省事。后被委任为侍中，兼任虎贲中郎将，统领宿卫亲兵。董允事事防制，匡正后主刘禅。诸葛亮、蒋琬、费祎、董允被蜀人并称“四相”、“四英”。如今，“四英”已去其三，宦官黄皓渐无顾忌，上讨后主欢心，蒙蔽后主，下压百官，掠夺民脂民膏，专擅朝纲，操弄权柄，终于导致蜀国灭亡，后主刘禅被掠入魏。

◎双陆图为漆木双陆，中国古代博戏用具。共有棋子三十枚，一半为白子，一半为黑子，分属对阵的双方。双陆约在魏晋时从印度传入中国。

小辞典 人物

陆逊

陆逊（183年—245年），本名议，字伯言，吴郡吴县（今江苏苏州）人，世代为江东大族，孙策之婿。善谋略，因功被封为娄侯。他为人寡言，言必中肯，举止庄严。用人处事，以朝廷为重，不以个人好恶为轻移。

陆逊最初为孙权幕府，后荣升为右部督。攻打丹杨山越后，获得精兵数万人。汉建安二十四年（219年），同吕蒙一起议定了白衣渡江袭取荆州之计，夺得荆州，擒杀了蜀大将关羽。吴黄武元年（222年），刘备率倾国之兵讨伐东吴，为二弟报仇。年轻的陆逊受命于危难之际，任大都督之职，率兵5万西拒刘备，隐忍七八个月不战，直到蜀军疲惫，移居草木之地，才顺风放火，以寡敌众，取得著名的夷陵之战的胜利。孙权对陆逊多有倚重，每次写给蜀国的书信，常常先交给他过目。吴黄龙元年（229年）孙权迁都建业后，仍让陆逊留守武昌，辅佐太子登。吴赤乌七年（244年）顾雍去世后，他继任吴丞相。当时，吴太子和与鲁王霸争夺太子位，陆逊屡次上疏陈述嫡庶之分，因此得罪于晚年已刚愎自用的孙权，数遭其责让，愤懑膺怀，终于以63岁而终。

文化小辞典 吴入台湾

吴黄龙二年（230年）二月，吴国派将军卫温、诸葛直带领甲士万人航海前往夷洲、亶洲，企图俘获当地民众以增加吴国兵力。夷洲，即今台湾，汉代时就和会稽郡人有来往，三国时经常有夷洲人到会稽出售他们织的布。会稽东部也时有人因海行遇风漂流到夷洲。当时吴国军队出发后，在海上航行了近一年，士卒病死大半，才到达夷洲；而亶洲所在极远，吴军不可能到达，卫温、诸葛直只好俘掠夷洲数千民户返航。吴黄龙三年（231年）二月，舰队回到吴国，卫温、诸葛直二将均以违诏无功被孙权处死。

卫温等航抵夷洲，是大陆与夷洲有明确记载的第一次大规模接触，此后交往就更加密切了。

◎吴越窑三足洗

魏攻高句丽，刻石记功而还

魏正始七年（246年）二月，魏攻打高句丽，破其都城丸都城。高句丽王位宫多次带兵袭扰魏国属地辽东，魏不堪其扰，派幽州刺史毌丘俭率领步骑兵约万人出玄菟讨伐高句丽（今鸭绿江及其支流浑江流域一带）。位宫领军2万人，在梁口战败，位宫与其妻子逃脱。毌丘俭随即进军高句丽都城丸都（今吉林集安东），血屠丸都城，斩获约数千人。不久，俭再次领兵出击，位宫狼狈逃至买沟（今吉林会宁）。俭派遣玄菟太守王欣追击，过沃阻（今辽宁、吉林一带），有千余里之遥，到达肃慎氏（中国东北部少数民族）南界，诛杀及掳掠约8000余人，刻石记功而还。此后，高句丽率军南下，攻取平壤。

◎高句丽百戏与逐猎壁画

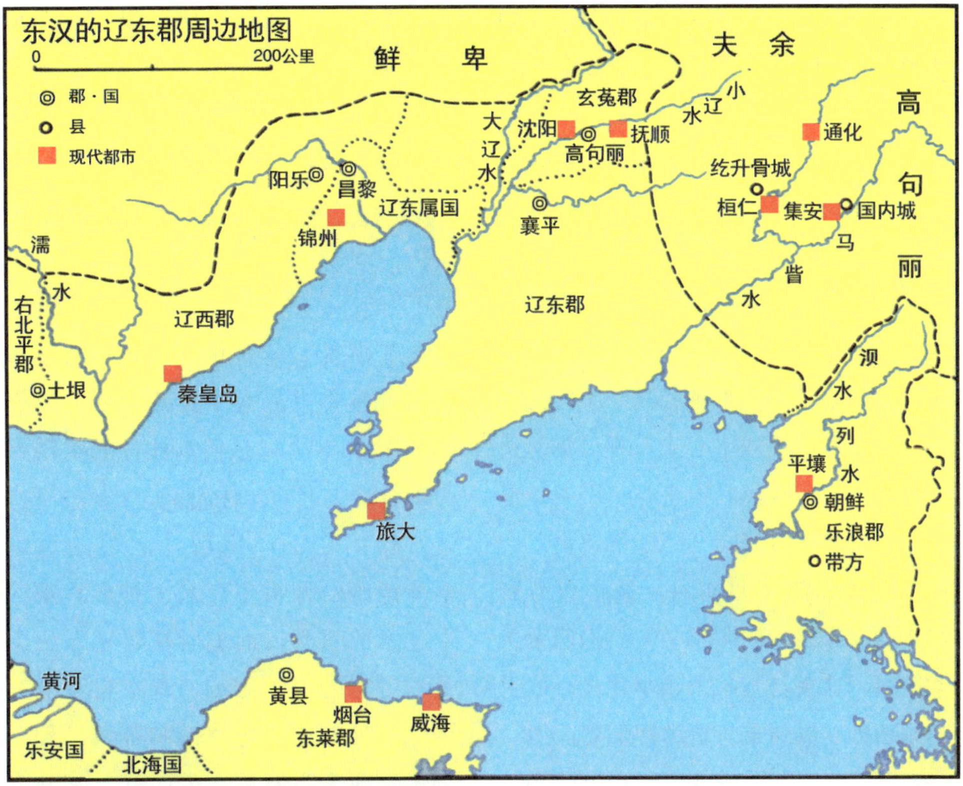

◎魏辽东图

◎毋丘俭征高句丽刻石记功碑断片

司马懿发动政变

魏正始十年（249年）正月，魏司马懿发动高平陵政变，诛杀曹爽及其亲党，从此，司马氏专掌魏国大权。齐王曹芳继魏帝位后，曹爽、司马懿辅政。曹爽排挤司马懿，广树亲党，专擅朝政。司马懿不能禁止，与曹爽不合，矛盾日益加深。

正始八年（247年）五月，懿诈称有病，不再参与政事，但暗中却在积极部署，寻机东山再起。

正始九年（248年）冬，曹爽亲腹李胜出任荆州刺史，借辞行之机，试探司马懿虚实。懿诡称病重，由两婢女服侍，拿衣，衣落；指口言渴，侍婢进粥，懿举杯不稳，粥都流出沾满前胸。李胜与其谈话，懿假装耳聋，言语错乱，文不对题，情形似已命在旦夕之间。李胜慨叹，告辞出来，转告曹爽说，司马懿已经形神相离，不足为虑了。于是，曹爽放下心来，不再提防司马父子。而司马懿暗中正与其子中护军司马师、散骑常侍司马昭谋诛曹爽。

正始十年正月初六，魏帝曹芳到高平陵（今河南洛阳东南）祭扫明帝曹叡陵墓，曹爽与其弟中领军曹义、武卫将军曹训、散骑常侍曹彦都随驾前往。

司马懿乘此城中空虚的良机，以迅雷不及掩耳之势发动政变，曹爽兄弟及其亲信何晏、邓扬、丁谧、毕轨、李胜、桓范等下狱，以大逆不道罪斩首，并夷灭三族。从此之后，曹魏军政大权实际上全部归于司马氏集团。

玄学产生

玄学是一个真正的本体论哲学。在汉代基本上只有宇宙论、社会哲学和数术、神学，玄学本体论的出现是中国哲学史上的一件大事。

相比之下，宇宙论之前的道家本体论则幼稚得多，是一种半直观、半艺术的哲学，而玄学尽管在发生期受到道家的很大影响，却在自身中演化出了独特的概念体系和范式。到了“化”成为主导观念的时候，玄学已不再是一种清谈了，而成为一种真正的哲学。

◎甘肃嘉裕关魏晋墓砖画牧马图。畜牧业的出现，是由狩猎引起的驯化为开端。野生动物被驯化，要经过拘禁、驯化、野牧、定居、放牧等若干阶段。

玄学的“化”和“自性”与魏晋崇尚自然、个体的精神是一致的。玄学的意理分析方法是历史上最早的成熟的哲学工具系统。

玄学的发展共分四个时期，本时期为玄学发生期。魏晋玄学产生于汉末和魏晋的政治与社会。汉魏之际对于人的品鉴、来源于政治的对名实的讨论以及文学艺术上的神韵思潮都是其预备期的组成部分。

人物小辞典

何晏、王弼

◎王弼像

正始时代的何晏、王弼是玄学的创立者。他们将老、庄、易并列为“三玄”，并依傍儒学立宗。他们最引人注目的是用“无”来代替“道”，并在“体用不二、本末不二”的前提下论述了“无”。他们的重点在“无”，但注意在“有”中把握“无”，“知其母而执其子”。在生活哲学上他们的无为论和性情论、自然论都是在当时社会政治压迫下的一个变态。

魏正始十年（249年）正月，魏尚书、玄学家何晏因亲附大将军曹爽，在高平陵事变中被杀，年60岁。王弼也在本年病死。

何晏（190年—249年），字平叔，南阳宛（今河南南阳）人，是汉外戚大将军何进之孙。年幼时其母尹氏改嫁曹操，何晏便被曹操收养。他少有才名，又人物秀美，娶曹操之女金乡公主，很得曹操喜爱。何晏因此恃宠骄奢，他面白净，又好修饰，行步顾影，沉溺于情色，爱服五石散，当时人称“傅粉何郎”。曹芳继位后，曹爽委任他为散骑侍郎，提升他为侍中尚书。何晏与王弼一起，开创了风靡一时的正始玄学，导引了清谈世风的兴起。何晏好老庄，“援老入儒”，认为天地万物，皆以“无”为本，而“无”即是老庄的“道”，它化生了万物。主张君主无为而治，不反对名教，但又认为名教应本于自然；在才与德的关系上，持才性离、异的观点。何晏著有《论语集解》、《道德论》、《无名论》、《无为论》。现存的《论语集解》20卷为流传至今最早的《论语》注解。在《道德论》中，提出玄学“贵无派”的一些主要观点，如“有”生于“无”，“有名”源于“无名”等。何晏同时又是诗赋高手，有《拟古》及《景福殿赋》流传于世。

王弼字辅嗣，魏国山阳（今河南焦作市）人，著名文学家王粲族孙，卒年仅24岁。著有《周易注》、《周易略例》、《老子注》、《老子指略》，对玄学思想的发展影响至为深远。他认为“无”是宇宙万物的本体，“有”不过是末，但去“有”也不能体现“无”；自然（“无”）是本，名教（“有”）是末，但名教即是自然的体现。他把易道解释为宇宙万物有规律的运行，即宗于无为、本于自然的发展，其注《易》偏重哲理，尽扫汉代象数。何晏、王弼祖尚老庄，好玄言之谈，一时群起效法，成为时尚。

魏立三体古经

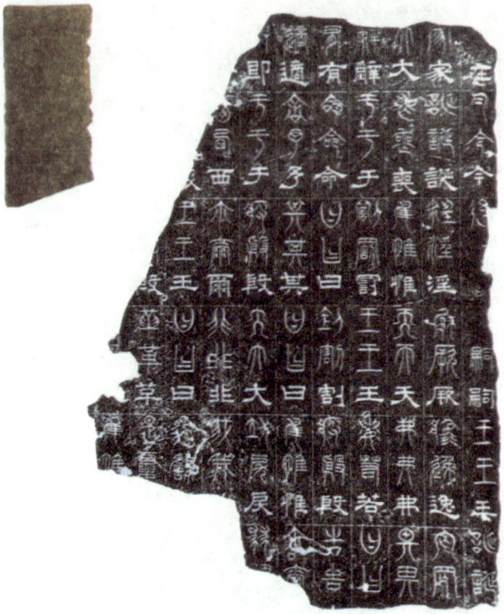

◎三体石经

魏正始二年（241年），魏在洛阳国子太学门外，汉《熹平石经》之西，立《三体石经》，史称《正始石经》或《魏石经》。石经上刻有儒家经典《尚书》、《春秋》以及《左传》诸经，因经文都是用古文、小篆和汉隶三种字体写成，所以称《三体石经》。相传为著名文学家、书法家邯郸淳书写，或者是仿效他的书体。其中隶、篆二体同《说文》所收字体大致相同，古文则与《说文》所收的稍异，但基本接近。诸书记载的原经石数多不一致，大约有廿七碑。经石已经毁坏，原在今洛阳东郊朱家均垱村龙虎滩一带，唐宋即有残石出土，以后间有发现，现存残石有《尚书》、《春秋》部分经文，大约共二千五百多字。

◎西蜀彩绘鸟兽鱼纹漆槅

司马懿死

魏嘉平三年（251年）八月初五，太傅司马懿去世。

司马懿（179年—251年），字仲达，河内温县人，出身于世族，多谋略，善权变，是魏国重臣。年少时便聪明博学，被当时名士赞为“非常之器”。魏国建立后，任太子中庶子，深得曹丕倚重。和陈群、吴质、朱铄号为“四友”。曹丕即位后，任丞相长史，后提升至侍中、尚书右仆射，改任抚军，兼给事中，总领尚书之事。魏明帝即位后，他出任大将军，率军驻长安，统领雍、凉二州的军事任务，挡拒了诸葛亮的北伐。民间对司马懿和诸葛亮斗智的故事演说很多，这也说明了司马懿的军事才能非常杰出，可与诸葛亮匹敌。魏景初二年（238年），司马懿率军攻打辽东，杀了公孙渊。次年明帝曹叡去世，司马懿受遗诏和曹爽共同辅政。魏正始十年（249年），司马懿发动高平陵事变，从此司马氏集团掌握了曹魏政权。司马懿内忌而外宽，善权变而残忍，每次商议重要事件都有奇策。曹操对他总有提防之心，曾对曹丕讲，司马懿不会久居人臣的，日后一定会干预你的大事。但曹丕和司马懿交情很好，每次都极力地保全护佑他，使他最终没有被曹操杀死。于是司马懿便勤于职守，夜以继日，操劳国事，曹操才渐渐放下心来。司马懿后来杀了曹爽全家，其支党均夷三族，老老小小，连出嫁的姑表姐妹都不放过。

◎司马懿像

司马懿死后葬在首阳山，追封为文侯，后改宣文侯；晋国建立后，追尊为宣王；司马炎称帝建立晋朝，又上尊号宣皇帝，陵曰高原陵，庙号晋高祖。

◎西蜀漆器

司马兄弟相继专魏

司马懿死后，其长子司马师做了抚军大将军，总领尚书之事。次年正月，司马师做了大将军，从此专了魏国政权。高平陵事变之后，司马氏父子相继专权，魏帝曹芳已经成为傀儡。在政治上司马氏父子实行高压政策，顺之者昌，逆之者亡。中书令李丰、太常夏侯玄，都是一时名士，海内外对他们十分敬慕，这令司马师非常忌恨。司马师见曹芳屡次召见李丰单独密谈，便怀疑是在议论和图谋自己。魏嘉平六年（254年）二月，司马师当面责问李丰，要他交待他和魏帝的谈话内容，李丰没有据实禀告，司马师大怒，以刀环捶杀李丰，然后诬陷他和皇后之父张缉、太常夏侯玄谋反，杀害了张缉、夏侯玄以及平素与他们亲善的朋友，并夷灭三族，废了张皇后。

◎三国卧婴托盏吊灯。照明用具。由链、灯盘、人形三部分组成。灯盘为圆形，盘内正中有锥形烛钎。器身为一人两手托盘。人作俯卧昂首，鬈发束髻，突额大眼，高鼻厚唇，裸体跣足，腰系带形横幅，腹腔内空，胸前开孔与灯盘相通。背部有弧形盖。两肩与臀部有三环钮，与三串活链连接，系在隆起的圆盖上，盖顶伫立一孔雀，作开屏状，上用活链悬挂。人的形象具有西域民族特征。

九月，司马昭受诏领兵到洛阳进见皇帝，大家都劝曹芳在司马昭辞行时杀死他并夺取他的兵权，以此来迫使司马师辞官。诏书写好后，曹芳因恐惧而不敢发。十九日，司马师逼迫皇太后下令，废曹芳为齐王，在河内（今河南武陟境）筑宫殿安置下来。又从元城（今河北大名东）迎立东海王曹霖之子高贵乡公曹髦为皇帝。当时曹髦仅14岁。十月，曹髦到洛阳即帝位，改年号为正元。

从此，曹魏政权完全落在司马师之手。司马师病重去世前，命同母弟弟卫将军司马昭总统诸军，并于同年二月颁诏委任司马昭为大将军，总领尚书之事。从此司马昭继司马师之后独揽魏国朝政。

世袭领兵制在东吴形成

孙权统治东吴期间（200年—252年），为换取世家大族的支持，逐渐形成了“世袭领兵制”，又称“世兵世将制”。孙权允许将领拥有私兵，并且不断将士兵赐给将领。诸将都世袭，父兄死后由子弟接任。在吴国领兵多少成为地位的象征，授兵成为一种赏赐。士兵奉将领为主人，将领视士兵为私属，士兵有很强的人身依附关系。最初士兵用来作战，后来逐渐演变成战时作战，平时为将领从事生产的私人半生产奴隶。搜剿山越所得的士兵经常在各将领之间进行分配。这种逐渐形成的制度，到吴国灭亡之后（280年）结束。

司马昭杀魏帝

魏甘露五年（260年）五月七日，魏帝曹髦讨司马昭被杀。

曹髦（241年—260年），字彦士，魏文帝曹丕之孙，东海定王曹霖之子。魏正始五年（244年）封高贵乡公。从小好学，工于书画，所画人物故事，在魏代独树一帜。其所画《卞庄刺虎》、《新丰放鹤》等图曾流传一时，今已佚失。他还善文赋，著有《春秋左魏陶侍俑氏传音》等。259年正月，民间传说宁陵（今河南宁陵东）井中出现黄龙，曹髦即作《潜龙诗》以自讽，以龙屈居广井中自比。曹髦因司马昭权势日重，危及帝位，终于不胜其忿，声称司马昭代魏之心路人皆知，决心要亲自出讨。王经等人谏阻，曹髦不听，并于本月率殿中卫士僮仆鼓噪而出，王沈等人急走奔告司马昭，司马昭派中护军贾充领兵在南阙下迎击，骑都尉成谇之弟、太子舍人成济挺戈直刺曹髦，曹髦死，年仅20岁，司马昭假传太后诏，宣布曹髦罪状，追废为庶人，又从邺城（今河北磁县南）迁来燕王曹宇之子

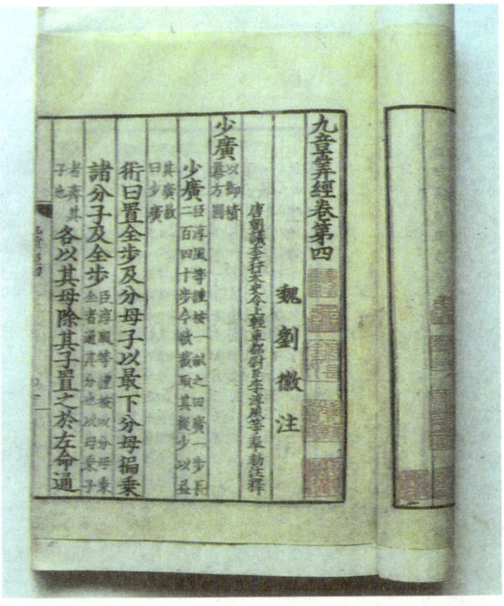

◎刘徽注《九章算术》（宋刻本）

◎吴国顶罐女俑。左边一女颈部挺直有力，令人觉得其顶罐的重量。右边一女头顶陶罐，斜而不坠，显示其技巧十分熟练，身材丰腴健壮。

常道乡公曹璜，更名奂，于六月二日在洛阳即位。后来司马昭以“大逆不道”罪诛杀成济一族，以谢罪于天下。曹髦后被以王礼葬在廛涧之北（今洛阳西北）。

◎魏晋砖画进食图。新城魏晋墓砖画中有很多画面描绘了奴婢们从事屠宰、炊庖、进食、辎运等杂役。《进食图》描写墓主人宴饮时，一女仆匆匆进食的情景。宴饮的场面虽然没有出现，但从女仆拘谨的神情，快速的步履，令人联想到画外的觥筹之声，和主仆之间不平等的关系。

诸葛恪专吴

吴太元元年（251年）十二月，吴大帝孙权病重，因为太子孙亮年幼，想将其托付给一个有为的大臣。侍中孙峻推荐大将军诸葛恪，孙权嫌诸葛恪刚愎自用，孙峻则认为当时朝臣没有一个比得上诸葛恪。孙权于是从武昌召回诸葛恪，任命他为大将军，兼任太子太傅，总统军政大事。吴神凤元年（252年）四月，孙权去世，吴中书令孙孔欲改诏书以杀诸葛恪，为诸葛恪所杀。闰四月，诸葛恪命令罢除典校诸官府及州郡文书，专事“视听”的校官，废除关税，深得吴国民心。

吴建兴二年，魏嘉平五年（253年）三月，诸葛恪不顾诸臣劝阻，发兵20万攻魏。五月，在围攻合肥新城（今安徽合肥西北）时，遭到抵抗。当时正值炎暑，吴士兵疲劳过度，疾疫流行，病死大半。诸葛恪为城池久攻不下迁怒于部将，士兵怨声载道。魏太尉司马孚率援军20万赶至新城，乘机进兵。七月，诸葛恪被迫率军回到建业。不久，又准备再次攻打魏国，朝野上下一片怨气。

吴建兴二年（253年）十月，武卫将军孙峻因为吴人都怨惧诸葛恪，于是决定设计杀他，孙峻与吴主孙亮商定，摆酒席请诸葛恪，在帷帐内暗藏伏兵。散骑常侍张约、朱恩秘密给诸葛恪送信，诸葛恪把信交给滕胤看，滕胤劝诸葛恪马上回府，诸葛恪却说：“孙峻有什么能耐，恐怕只是借酒食毒死我吧！”于是带剑赴宴，并饮自带的酒。孙峻声称有诏书捉拿诸葛恪，于是在座上杀死了他，并夷灭其三族。诸葛恪被杀后，孙峻独揽吴国朝政大权。

小人物辞典

诸葛恪

诸葛恪（203年—253年），字元逊，是诸葛瑾长子。他从小聪慧过人，孙权曾对诸葛瑾说“蓝田生玉真不虚也”，对诸葛恪极为赏识。吴嘉禾三年（234年），诸葛恪主动请兵镇压山越，因功而升为威北将军，封都乡侯。陆逊去世后，诸葛恪任大将军。诸葛恪被杀后，苇席裹身，被投到建业城南石子岗，后来被原部下收葬。

孙綝专吴被杀

吴五凤三年（256年）九月，吴国丞相孙峻去世，偏将军孙綝任侍中、武卫军，总管中外诸军事，代孙峻辅政。孙綝（231年—258年）字子通，与孙峻同祖。孙綝因为吴帝孙亮亲理政事后常提出一些难以回答的问题，心里十分害怕。吴太平三年（258年），从攻打魏国回朝之后，他便称病不再上朝。又派弟弟威远将军孙据、武卫将军孙恩、偏将军孙干、长水校尉孙闿分屯各营想加强自己的势力。八月，吴帝孙亮和金公主孙鲁班及将军刘丞谋划诛杀孙綝之事，秘密下诏给全皇后的父亲全尚。全尚把事情泄露给妻子，即孙綝堂妹孙氏，于是她向孙綝告密。九月二十六日，孙綝连夜发兵袭击擒拿了全尚，杀了刘丞，并围住皇宫。孙綝将孙亮废为会稽王，尚书桓彝不肯附从，孙綝将其杀掉，并把全尚迁徙到零陵，不久又追杀之；又把金公主迁到豫章（今江西南昌）。至此，孙綝完全操纵了吴国的政权，更加恣肆骄横，侮辱怠慢民神，烧毁大桥头伍子胥庙，又毁坏佛寺，斩杀道人。

十月，孙綝立琅邪王孙休为吴帝（即吴景帝），孙綝则任丞相、荆州牧。吴景帝孙休初立，孙綝献酒，孙休没有接受。孙綝对左将军张布发了一通怨言，谈到想再废孙休立新帝。张布告诉景帝后，孙休怕孙綝发动政变，于是多次赏赐物品，又任孙綝的弟弟孙恩为侍中，并秘密地和辅义将军张布、左将军丁奉谋划诛杀孙綝之事。十二月初八腊会时，百官朝贺，孙休派张布、丁奉预先埋伏精兵，擒拿斩杀了孙綝，夷灭其三族。并为被孙峻、孙綝杀害的大臣诸葛恪、滕胤等改葬平反，凡受牵连远徙者，均召还。孙权死后吴国政变迭起，至此稍得平息。

姜维连年对魏用兵

蜀汉将领姜维承继蜀相诸葛亮遗愿，连年对魏用兵，希望一统中原。

魏嘉平元年（249年），姜维攻魏雍州（今陕西关中及甘肃东部），无功而还。魏嘉平二年（250年）十二月，姜维攻魏西平没有成功。到魏嘉平五年（253年）四月，姜维率数万人出石营，攻魏南安（今甘肃陇西），粮尽而退。魏正元元年（254年）四月，魏狄道（今甘肃临洮南）长李简秘密修书降蜀汉。六月，姜维率军攻打魏国陇西（今甘肃陇西东南）。十月，自狄道攻占河关、临洮。蜀军将三县居民迁蜀。魏将徐质与蜀汉军大战，失败而退，但杀了蜀汉荡寇将军张嶷。魏正元二年（255年）八月，姜维领兵数万攻魏，在洮水西大败魏雍州刺史王经，进围狄道城。魏征西将军陈泰率兵救援，姜维没有料到魏军这么迅速地赶来，只好于九月退兵驻扎钟堤（今甘肃临洮南）。魏甘露元年（256年）七月，姜维率军出祁山，得知魏安西将军邓艾早有防备，于是

◎三国铜弩机。相传诸葛亮曾加以改进。

退回。后来邓艾和姜维在段谷（今甘肃天水东南）决战，姜维大败，士卒死伤很多。蜀国人怨声四起，姜维上书谢罪，自求贬官。魏甘露二年（257年）十二月，姜维乘魏国内乱，分派关中兵赴淮南（今安徽奉县）攻打诸葛诞之机，领兵出骆谷（今陕西周至西南），攻取秦川。而魏将司马望、邓艾坚守不战。次年二月，姜维退还成都。魏甘露三年（258年），姜维撤汉中前线各守军，退守汉、乐二城，想诱敌深入，等其疲乏之时，全军并出，以获全胜。实际上蜀汉从此自弃险要之地，坐以待毙。

唯刀独尊

汉代军中大量装备的短柄武器，除了长剑之外，还有环柄刀。后来，环柄刀甚至取代了长剑的地位。到三国时期，短兵武器出现了手戟。而后手戟的使用日渐衰退，短兵武器形成唯刀独尊的局面。

魏陈王曹植《宝刀铭》曰：“造兹宝刀，既砻既砺，匪以尚武，予身是卫，麟角匪独，鸾距匪蹶。”又魏王粲《刀铭》曰：“……陆犀兕，水截鲵鲸，君子服之，式章威灵。”这说明当时刀除了攻敌和防身外，佩刀还可以增加“君子”的威武风度。

◎晋持刀武士俑

当时刀常与楯相配合使用，更能做到能攻能守，适合装备步兵。这样装备的步兵可用来克制重甲骑兵。敦煌莫高窟第二百八十五窟的西魏壁画“得眼林”故事中，生动地再现了用刀楯装备的步兵同重甲骑兵战斗的情景。除了对付重甲骑兵，刀楯配合还可以制住弓箭长矛的攻击。

由于人们对刀楯作用的认识及练习，使用技艺也达到较高的水准。

“竹林七贤”集聚山阳

“竹林七贤”是三国魏末七位名士的合称。他们是谯国嵇康、陈留阮籍、河内山涛、河内向秀、沛国刘伶、陈留阮咸、琅邪王戎。他们之间交往密切，曾集于山阳（今河南修武）竹林之下纵怀肆意，世称“竹林七贤”。

高平陵事变以后，当权的司马氏集团一边提倡名教，一边残酷地剪除异己，加紧篡夺魏政权。但政治高压下，仍有一部分名士不愿与司马氏合作，他们对司马氏标榜的虚伪礼教表示深恶痛绝。“七贤”即是这一部分名士的代表人物。他们的思想大体相同。嵇康、阮籍、刘伶、阮咸始终服膺老庄，越名教而任自然；山涛、王戎则以老庄为主，杂以儒术；向秀则主张名教与自然合一。就其本质而言，他们并不反对“名教”，而是崇尚“自然”的名教。

在政治态度上，他们的差别较大。嵇康、阮籍、刘伶对执掌大权，觊觎魏政权的司马氏集团采取不合作态度；向秀在嵇康被害后被迫出仕；山涛初始“隐身自晦”，40岁后出仕，成为司马氏政权的高官；王戎功名心最盛，在晋政权中任侍中、吏部尚书、司徒等职；阮咸入晋以后，曾经担任散骑侍郎等职，但不为司马炎所重用。

◎阮籍像

◎唐孙位绘《七贤图》卷

◎砖画竹林七贤

玄学发展

竹林时期的玄学是玄学的发展期，这时候出现了很多不同的思想。“竹林七贤”中嵇康和阮籍的玄学其实是一种生活态度，他们用自然反对名教，对于“自然”在本体论和生存论上的地位的确定都有作用。他们的自然的本质都是和谐，他们都用音乐来说明自然的性质，阮籍把音乐看作天地之体、万物之性。他们的本体论和宇宙论复杂混乱，但归根结底讲究“运动”和“化”，因此天地造化和音乐，在他们那里开始联系起来（但未融为一体），嵇康的养生论的神、音乐论的乐也是与化聚合的事物。

文化小辞典

蜜饯

蜜饯食品在中国历史上由来已久，早在一千七百年前就已出现。《三国志》一书中就已提到了用蜜浸渍食物这种中国特有的技术。因便于贮藏，蜜饯历来为人们所喜爱，并按各地原料乡土口味的不同先后形成了京式、广式、潮式、福式和苏式五大派。京式蜜饯又被称为“北蜜”，以果脯为特色，古代多作贡品；广式的奶油话梅和山楂制品也是畅销千古，令人回味无穷；苏式蜜饯更以选料考究，制作精细见长。

中国开始大规模造佛像

随着印度佛教的逐渐传播，其塑造佛像的艺术技法也传入中国，并且与渊源久远的中国古代雕塑艺术相互融通，形成了中国佛像的仪范。到魏晋南北朝时期，佛教甚为流行，中国

◎吴国鎏金铜带饰。浮雕一立佛。

◎由巴蜀通向关中的栈道。三国时代，为移动兵力，临流开凿悬崖，以成道路。道狭而险，但为川、陕之间唯一通路，主要有“陈仓道”和“阴平道”。

大规模地塑造佛像的活动开始了。

东汉末年，佛教教义开始同中国传统的伦理和宗教观念相结合，从而得以广泛传播。佛教徒在广陵（今江苏扬州）构筑佛寺，造铜佛。三国以后，北方的洛阳、南方的建业（南京），都是佛教重镇，可惜洛阳当时十多座佛寺的作品没能保存下来而无从考察佛像的情形。赤乌十年（247年），康居沙门康僧会到达建业，设像传教，吴主孙权为其建寺，吴地有系统的佛像塑造开始出现。到三国时期，我国佛像塑造的规模已经很大了，而且天竺之法和中国本土固有技法融会贯通，创造出亲切蔼然、为人们所欣赏的中国佛教仪范。在佛像汉化的过程中，逐渐确立了自己特有的雕塑方式，使这一艺术从此走向成熟。

魏大举攻蜀

魏景元四年（263年）五月，魏帝曹奂下诏令诸军大举攻蜀。此时，蜀闻魏发兵，于是派廖化赴沓中作为姜维的后继部队，张翼、董厥赴阳安关口（今陕西勉县西）支援。又命前线各部队退守汉（今陕西勉县东）、乐（今陕西成固东）二城。同时，大赦犯人，改年号为炎兴。九月，钟会命李辅、荀恺围攻汉、乐二城，久攻不下。于是，派护军胡烈率军直往阳安关口。关口蜀将蒋舒投降，胡烈便乘机攻城，蜀守将傅佥战死。钟会听说关口已得，便长驱直入，获得众多库藏、粮草。姜维得知钟会诸军已入汉中，想退兵。在强川口（今甘肃舟曲西北）与邓艾派来的杨欣相遇，两军大战，姜维败北。诸葛绪率军阻截姜维，但因一日之差，使姜维退到阴平（今甘肃文县西）。姜维到阴平之后，整兵赶赴关城（今陕西宁强西北）。在途中得知吴城已失守，便退至白水（今四川广元西北），遇廖化、张翼、董厥等人，于是合兵退守剑阁（今四川剑阁北）。十月，诸葛绪军与钟会军在白水会合。姜维列兵守住险要之处，钟会很久不能攻克。又因魏军粮草运输困难，钟会准备退兵，但邓艾劝阻了他。与此同时，蜀国向吴告急，吴景帝孙休派大将军丁奉率兵攻打寿春（今安徽寿县），又命将军丁封、孙异向沔中救蜀。在剑阁，钟会久不能胜姜维。于是，邓艾率兵从阴平出发，历尽艰辛，攻打涪县（今四川绵阳东北）。在涪县，邓艾挫败蜀将诸葛瞻（诸葛亮之子）。诸葛瞻退守绵竹。邓艾用琅邪王的封号诱降诸葛瞻，诸葛瞻大怒，于是领兵与邓艾大战，战败身亡。邓艾攻下绵竹之后，即长驱直入，直奔成都。

◎吴永安三年青釉塑贴谷仓

刘禅降魏，蜀汉灭亡

魏景元四年、蜀炎兴元年（263年）十一月，邓艾带军从小道突至成都城下，蜀国毫无防备，刘禅出城投降，蜀汉灭亡，共历二帝43年（221年—263年）。当邓艾兵临成都，蜀君臣见魏军犹如天降，惊慌失措。后主刘禅召集百官商议对策，有的主张投奔孙吴，有的主张逃往南中，光禄大夫谯周力主投降魏国，群臣大多响应，于是后主命侍中张绍等奉玺、绶出城向邓艾投降。

刘禅的儿子北地王刘谌极力主战，反对投降。在苦谏刘禅不听的情况下，哭倒于昭烈庙，杀死妻儿后，自杀身亡。刘禅仍不为所动，又派太仆蒋显下诏令姜维投降钟会，姜维无奈暂诈降钟会，伺机而动。至此，蜀汉宣告灭亡。魏灭蜀，得蜀28万户，

◎王肃像

94万人，甲士10万人，官吏4万人，以及许多金银、锦绮彩绢、谷物等，并且从此占据长江上游，对下游的东吴威胁很大。此次伐蜀的胜利也为司马昭增加了政治资本，为其日后篡夺魏国帝位奠定基础。

逸闻趣事

“乐不思蜀”

蜀汉灭亡后，刘禅被迁至洛阳，封为安乐公。有一天司马昭宴请刘禅，席间演出蜀地歌舞，在座的蜀国人都触景伤情，而刘禅却嬉笑自若。司马昭于是感叹道：“人之无情，乃至于此，虽使诸葛亮在，不能辅之令全，况姜维邪！”并问刘禅：“颇思蜀否？”刘禅答道：“此间乐，不思蜀也。”成语“乐不思蜀”即源于此。

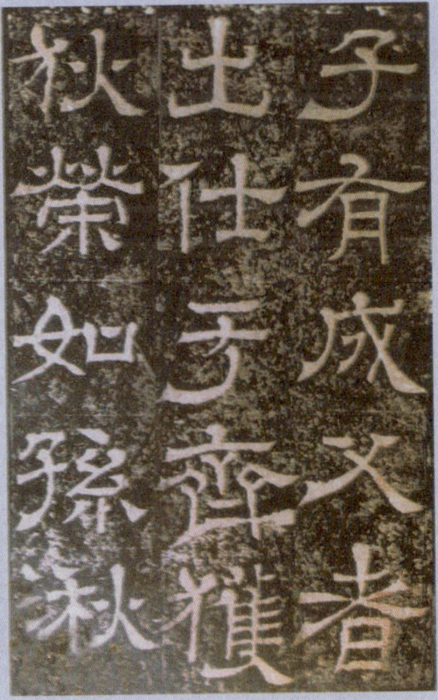

◎魏王墓残碑

刘徽注《九章算术》

魏景元四年（263年），魏数学家刘徽注《九章算术》，于本年成书。

《九章算术》是一部成书于汉代的数学经典著作。书中系统总结了先秦至东汉初年的数学成就，其中包括平面面积、粮食交易等9类问题的解法，是中国古代《算经十书》的第一部书，但内容过于简略。

刘徽为弥补这一不足，为其做了注解，写成《九章算术注》9卷，刘徽在《九章算术注》中，最早提出与使用了小数概念，对割圆术计算圆周率、开方不尽、楔形体积求解等问题提出了很多重要的创见。尤其是用割圆术计算圆周率的想法，是世界数学史上最早将初步极限的概念用于解决算学问题的例子。

为了推导圆面积的计算公式并推求较精确的圆周率之值，刘徽在圆内作内接正六边形，然后平分每边所对的圆弧，再作圆内接正12边形，再平分作24边形，无限分割下去，“割之弥细，所失弥少。割之又割，以至于不可割，则与圆合体，而无所失矣”。在这里，他创造性地运用了极限思想。用这种方法计算圆周率是十分科学的，它奠定了此后一千多年中国圆周率计算在世界上的领先地位。

祖冲之将圆周率推算到小数点后第七位，正是应用的这种方法。

刘徽的这些成就，特别是在几何、圆、三角及证明上面的工作使得中国古代数学出现了希腊式数学的基础，正如希腊晚期出现了中国式的代数基础一样。

嵇康从容赴死

魏景元三年（262年）十月，魏司马昭杀害名士嵇康。嵇康（223年—262年）是三国时曹魏文学家。嵇康出身贫寒，但励志勤学，文学、玄学、音乐等无不博通。身处痛苦黑暗、礼崩乐坏的三国魏晋时代，喜好老庄、“非汤、武而薄周、孔”的嵇康，与“口不臧否人物”的阮籍等七位魏晋名士，当时号称为“竹林七贤”。嵇康性格激越无碍，刚肠嫉恶，轻肆直言。他娶曹操曾孙女长安亭主为妻，属皇室宗亲，所以其政治态度倾向于曹魏集团。司马昭曾想拉拢嵇康，遭其拒绝，从而忌恨他。当时司马昭的心腹钟会也想结交嵇康，受到冷遇，所以两人结仇。后来，嵇康的好友吕安被其兄诬以不孝，嵇康出面为吕安辩护，钟会即劝司马昭乘机罗织罪名除掉吕、嵇二人。当时朝野上下为此震惊，三千太学生请求赦免嵇康，愿以康为师，均遭拒绝。临刑东市，嵇康神色自若，索琴弹奏一曲《广陵散》，大叹一声“《广陵散》于今绝矣”，遂从容赴死。嵇康以诗文名世，尤以散文为高；对于玄学，他洞幽察微颇富见地；对于音乐，他写下了《声无哀乐论》等中国美学史上的名篇。

文化小辞典

《急就章》

皇象，字休明，广陵江都（今江苏省扬州市）人。三国时吴书法家，曾累官至侍中、青州刺史，是东汉章草专家杜度的弟子，擅长小篆、隶书，尤精于章草，有“一代绝手”之称，被唐张怀瓘列为神品。南朝宋人羊欣在《采古来能书人名》中评价皇象的草书风格为“沉着痛快”。流传作品中以《急就章》最负盛名。

《急就章》原名《急就篇》，本是中国古代儿童的启蒙读物，由西汉元帝时黄门令史游编撰。因首句是“急就奇觚与众异”，所以取此句前二字作为篇名。现在保存的《急就章》摹本中以藏于江西省松江县博物馆的“松江本”为最著名。此本据传是明代吉水（今属江西省）人杨政在正统四年（1439年）根据宋人叶梦得颍昌本摹刻而成。此本章草和楷书各书一行，字形规范，笔力刚健，于流丽中见丰满，于变化中见统一，是公认的章草范本之一。此后，章草在中国书法史上的地位就更加突出了。

钟会、邓艾内讧

魏景元五年（264年）正月，魏灭蜀国不久，魏将钟会、邓艾因争夺战功，相继死于内讧。

灭蜀后，邓艾十分骄傲，几次上表司马昭，要乘胜攻打吴国。对此，司马昭却怀疑邓艾是不是要谋反。而此时的钟会非常忌妒邓艾，又因钟会现在独掌军权，于是与蜀降将姜维密谋反魏。为了达到这个目的，钟会一方面模仿邓艾和司马昭的笔迹，删改两人间的信件，使邓艾、司马昭相互猜疑，另一方面与监军卫瓘诬告邓艾要反魏。所以，司马昭下令押邓艾回洛阳治罪。钟会在把邓艾打入囚车后，假传太后遗诏，准备在成都起兵谋反。姜维为复蜀国而挑动钟会谋反，此时他对钟会说，应该把所有的北来之将都杀死，才能起兵谋反。没想到这一密谋被众将知道，于是众将将钟会和姜维一同杀死。钟会死后，邓艾部下追回囚车，迎邓艾回成都。但卫瓘认为邓艾回成都对自己不利，于是派兵将在绵竹杀死邓艾父子。这样，平蜀的两员大将钟会、邓艾相继死于自己制造的内讧之中。

司马昭为禅代奠基

司马昭执掌魏国朝政时，每每谋想取代魏国，故有“司马昭之心，路人皆知”之说。司马昭（211年—265年），字子上，河内温县（今河南温县西）人，司马懿次子。曾任洛阳典农中郎将、散骑常侍、议郎、安西将军、安东将军、中领军、卫将军等职。其兄司马师死后，昭继为魏大将军。不久，杀魏帝曹髦（高贵乡公），另立一傀儡曹奂（常道乡公）为魏元帝。魏景元四年（263年）十月，魏伐蜀大胜。曹奂下诏给司马昭晋升官爵加九锡，在郑冲率百官的劝进下，司马昭遂受诏称为相国、晋公，并受九锡。从此，开始了他的禅代之举。之后，平定蜀国，司马昭又进爵为晋王，大权在握，遂下令改革旧的礼仪、爵制、官制、法律制度等，并废除民屯、增封10郡，这些都为禅代建立晋朝奠定了基础。魏咸熙二年（265年）五月，魏加司马昭殊礼，出入旌旗、车马、乐舞、冕服，如帝王一样。而且进王妃称作后，儿子司马炎立为太子，晋王国官都相同于朝廷所置。然而，本年五月，正当禅代在紧罗密鼓地进行之际，司马昭却病发身亡，将代魏的任务遗留给了自己的儿子司马炎。

西晋

大事纪

公元265～公元316

● 公元265～281年

● 公元265年
司马炎迫魏帝曹奂禅位，建晋。

● 公元280年
晋王濬下建业，吴帝孙皓降，吴亡。

● 公元281年
鲜卑侵辽西，鲜于婴击破之。

● 公元291～306年

● 公元291年
贾后专政。“八王之乱”开始。

● 公元301年
赵王伦称皇帝。齐王司马冏等起兵讨赵王伦。

● 公元306年
东海王越遣迎惠帝之师入长安。

公元308年
汉王刘渊称皇帝。

公元310年
刘渊死。子和嗣。刘聪杀和自立。

公元311年
刘曜、王弥入洛阳，怀帝被俘。
永嘉南渡，中原人士大批南迁。

公元308～311年　　公元313～316年

公元313年
刘聪杀晋怀帝。

公元316年
刘曜陷北地，至泾阳，围长安；愍帝出降，西晋亡。刘琨为石勒所败。

司马炎称帝

泰始元年（265年）十二月十三日，司马炎设坛南郊，燔柴告天，逼迫魏帝曹奂退位，自称皇帝。司马炎，字安世，司马昭长子，逼迫曹奂退位后，封其为陈留王，改魏为晋，史称西晋，改元泰始，建都洛阳。十二月，司马炎分封宗室二十七王，把司马氏宗室都分封为王。王国地不过一郡，王国的相由朝廷任命，与太守无异。国中长吏由诸王自选，财政不能自己擅作主张。

◎司马炎像

◎西晋州郡图

吴攻晋

吴宝鼎三年、晋泰始四年（268年）十月，吴帝孙皓到东关（今安徽儒须），命令施绩攻打江夏（今湖北安陆北），万彧攻襄阳（今湖北襄樊）。十一月，丁奉、诸葛靓攻打合肥（今安徽合肥西北），吴以三路攻打晋。晋荆州刺史胡烈击败了施绩。晋汝阴王安东将军司马骏守合肥，丁奉等人失败而还。同年，吴派交州刺史刘俊、前部督修则、将军顾客先后三次攻打交趾（今越南河内东北），都被晋交趾太守杨稷打败。十月，杨稷又派将军毛炅、董元攻打合浦（今广西合浦北），大败吴兵，刘俊、修则战死。

吴建衡元年、晋泰始五年（269年）十一月，孙皓又派薛珝为威南将军、大都督，与苍梧太守陶璜、监军虞汜从荆州道，监军李勖、督军徐存从建安（今福建建瓯南）海道出发，在合浦（今广西合浦北），再次攻打交趾。第二年夏，李勖因海路不顺率兵还。吴建衡三年、晋泰始七年（271年）四月，陶璜袭击并杀死晋九真太守董元，七月，薛珝、陶璜领十万兵，攻陷交趾城，杨稷被遣送到合浦后病死，毛炅被修则子修允杀死，九真（今越南清化西北）、日南（今越南美丽）都降了吴。

吴建衡二年、晋泰始六年（270年）正月，吴国右大司马左军师丁奉攻打晋涡口（今安徽怀远），晋扬州刺史牵弘顽强抵抗，丁奉退兵。

吴屡次攻打晋，都遭到晋顽强抵抗。

◎“吴攻晋”浮雕残片

文化小辞典

谯周攻史

谯周（约201年—270年），字允南，巴西西充（今四川西充）人，史学家，精通经学，善书写札。

蜀建兴（223年—237年）中，诸葛亮领益州牧，谯周被任命为劝学从事，蒋琬为益州刺史时，谯周为典学从事，总管一州之学者，后来他又被任命为太子家令，中散大夫、光禄大夫。蜀延熙二十年（257年）十二月，谯周因姜维屡兴攻伐，于是写《仇国论》以讥讽。蜀炎兴元年（263年），谯周劝后主刘禅降魏，之后官至阳城亭侯、骑都尉、散骑常侍。晋泰始六年（270年）冬，谯周去世，年约70岁。

谯周一生精研六经，耽古笃学，是蜀中儒学大师。著有《古史考》25卷，依据古时典籍以纠正《史记》记载先秦史事中出现的失误，今天已佚失，仅存清代辑本两种各一卷。另外著有《蜀本纪》、《论语注》10卷、《五经然否论》5卷、《法训》8卷、《五教志》5卷，都已佚失。现在只有《仇国论》、《谏后主疏》、《谏后主南行疏》等文。谯周主要精力用在史学上，为史学发展作出了贡献。

王濬造舰于蜀中

272年正月，汶山（今四川茂县北）白马胡兵侵扰各族。益州刺史皇甫晏出兵抵抗白胡的进攻，他手下门将张弘设计杀死皇甫晏，反说皇甫晏有反晋之心。广汉（今四川成都平原以东）太守王濬发兵进攻张弘，接着王濬又征服了少数民族胡人的骚扰，平定了益州。晋武帝正在与羊祜商量如何灭吴的大计，看到王濬平定益州，羊祜便向晋武帝密陈让王濬留在益州治水军。

晋泰始八年（272年）夏，晋武帝下诏任命王濬为益州刺史，王濬到益州后奉诏罢屯田兵，大作舟舰，搞得轰轰烈烈。益州别驾何攀认为屯田

◎晋男侍俑

◎王濬像

兵只有五六百人，如果造一艘大船的话，后面部分还没有造好，船前头部分早就腐朽了，故建议不如召集各郡兵士几万人在一起连续造船，这样一艘大船便可在年末的时候造成。王濬听从了他的建议，于是万余士兵聚集在一起大造战船。到完工时，大舰长一百二十步，可容纳2000余人，船上用木材筑成城楼，四周都有门，而且船上可骑兵往来，规模确实很大。时人对此评论："舟楫之盛，自古未有。"

王濬造舰，为晋攻吴做好了准备。

竺法护入白马寺译经

晋泰始二年（266年），著名僧人翻译家竺法护在长安（今陕西西安）清门内白马寺中开始翻译佛经。

竺法护，祖籍为大月支，俗姓支。世居敦煌（今属甘肃），也称"敦煌菩萨"、"敦煌开士"，十八岁出家，从师于竺高座，随当地风俗改姓师姓，竺法护的音译是竺昙摩罗刹，意译为"法护"。他博览儒家典籍，涉猎百家之言，后来随师父游学于西域各国，通晓西域三十六种文字，回中国时，携带回大量梵语典籍。从晋泰始二年开始译经，共译出佛经一百五十四部，三百零九卷（实为三百二十二卷，一说为一百七十五部，三百五十四卷，现存八十四部，一百八十八卷）。他译的佛经对后世影响较大的有《光赞般若经》、《正法华经》、《渐备一切智经》、《弥勒成佛经》、《普曜经》等，所

◎白马寺齐云塔

译经论多属大乘经典，为大乘佛教在中国传播开创了局面。其中《弥勒成佛经》是佛教弥勒信仰的“弥勒三部经”之一。晋永安元年（304年）后，关中战乱频仍，竺法护携门徒避乱车下，后在渑池（今属河南）卒，年七十八岁。

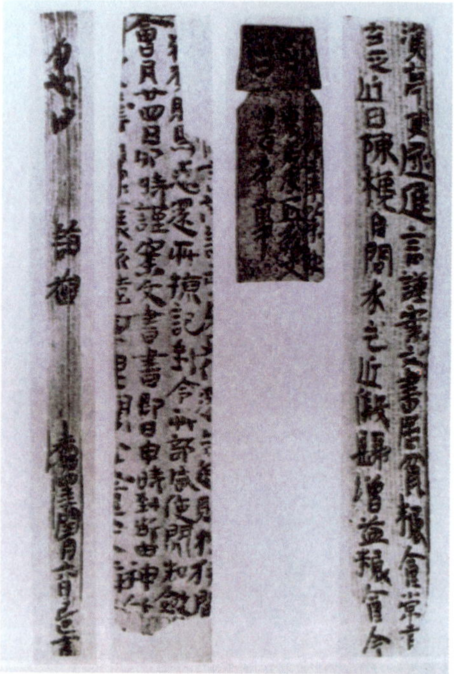

◎晋木简

孙吴碑刻异军突起

东汉末年，隶书的发展已登峰造极，挑脚潇洒自然，形态精美多姿，但为强调波挑的装饰性，书写的程式化，使得挑脚变得齐整，波势渐趋方直，起笔追求方截，走进千篇一律、无法创新的死胡同。

到了魏晋，这种定型化的隶书更是穷途末路、江河日尽，消亡渐成必然的趋势。汉魏之际，隶书的衰颓使得碑刻隶书也走向下坡路，虽书体方正，气势庄严，但缺少生趣，书风雷同，艺术魅力大减。

此时，江南碑刻却异军突起，在这颓废的局面中现出异彩。孙吴碑刻力求在肃穆雅正而又呆板繁难的隶体碑风之外开拓生机，或崇古返篆，或创新迎楷，这昭示着隶书确已陷入举步维艰的境地。仿古可以偶而为之，在出奇不意中引动兴志，楷化则真正体现了碑刻艺术的走向，隶书消亡，楷书兴起，成了必然的发展趋势。

◎吴国谷朗碑

羊祜

咸宁四年（278年）十一月，尚书左仆射、都督荆州诸军事羊祜病卒，终年58岁。羊祜（221年—278年）字叔子，泰山南城（今山东黄县西南）人，蔡邕外孙，司马师景皇后同母弟，九世均为二千石官，其妻为夏侯霸女，魏晋之际，征拜中书侍郎，封平子，累迁至中领军，晋代魏，进号中军将军，加散骑常侍，进爵为侯，迁尚书仆射、卫将军，晋泰始五年（269年）出任都督荆州诸军事，屯田储粮。缮甲训卒，广布恩信，为灭吴作准备。加车骑将军，开府仪同三司。曾经因为救援吴降将步阐而败于吴陆抗，被贬为平南将军。晋咸宁初，进位征南大将军，与晋武帝密谋攻吴，上表请留王濬为益州刺史，密令造船，为灭吴打下坚实基础。晋咸宁四年（278年），因病返回朝廷，向晋武帝当面陈述伐吴的有关计谋，病重的时候，推荐杜预代督荆州。不久以后，晋咸宁四年（278年）十一月病逝，武帝痛哭，荆州之民闻之莫不号恸，巷哭声相接，为之罢市，吴守边将士亦为之泪下，襄阳人因为羊祜生前好游岘山（今湖北襄阳南），遂于其处建庙立碑，岁时祭祀，望其碑者，莫不流涕。杜预因此给这块碑立名曰“堕泪碑”，以示后人对这位劳苦功高的贵人的尊敬和爱戴之情。羊祜病逝后谥号成侯，追赠侍中、太傅。羊祜一生多才多艺，曾著《老子传》二卷、文集二卷，均佚，今存《让开府表》、《请伐吴疏》等篇目。

◎羊祜像

陈卓绘《全天星图》

晋太史令陈卓在继承前人成就的基础上把当时天文学界石申、甘德、巫咸三家学派所绘星图并同存异，在经过充分的分析对比研究之后，合而为《全天星图》。在《全天星图》这幅反映当时最高成就的天文图上，共绘星二百八十三官（组）一千四百六十四颗。这个数目在当时所有的星图中是最多的，影响也是最大的。陈卓的星宫体系一直被后世的天文学家奉为圭臬，沿用了一千多年一直没有更改，直到明末天文学才有了新的发展。

晋军灭吴

晋武帝司马炎称帝后便着手准备灭掉吴国。晋泰始五年（269年），晋尚书左仆射羊祜都督荆州诸军事，经常操练士兵，增强军队的战斗力。同时羊祜镇守襄阳，经常与晋武帝在宫中商量盘算灭吴的大计，羊祜为晋灭吴做了大量的准备工作。晋咸宁四年（278年）羊祜病逝，司马炎任命杜预为镇南大将军都督荆州诸军事，以继续羊祜未竟的大业。

279年，杜预和王濬上表晋武帝请求发兵征讨吴国。朝廷中张华等主战派也努力排除贾充、荀勖等人异议，奉劝晋武帝发兵，司马炎同意了请求，任命张华为度支尚书，主持伐吴大计，掌管漕运粮饷，同时，下诏伐吴。司马炎按羊祜生前所提方案，部署六路大军二十万人，以太尉贾充为主帅，冠军将军杨济为副统帅，齐头并进，大举伐吴。镇军将军琅邪王司马伷出涂中，安东将军王浑出江西，建威将军王戎出武昌，平南将军胡奋出夏口，镇南大将军杜预出江陵，龙骧将军王濬、巴东监军唐彬下巴蜀。

◎吴陶局部

晋军一路所向披靡。所至皆克，晋咸宁六年（280年）正月，杜预攻向吴江陵（今湖北），正月十七日攻克江陵，斩吴江陵督伍延，于是沅湘以南至交、广州境，吴州郡均降晋。二月初一，王濬、唐彬率晋军水军从蜀顺流而下，击败吴丹阳监盛纪。

晋咸宁六年（280年）二月，杜预与各路晋军于武昌召开军事会议，有人提出等来冬进军，但杜预认为晋军兵威已振，势如破竹，应一鼓作气，于是他向各路大将面授进攻方略，乘胜直取建业（今江苏南京）。果然，晋军扬帆东下，吴军非溃即降。

晋咸宁六年（280年）三月，晋龙骧将军王濬自武昌直取建业，吴帝孙皓遣游主将军张象率水军万人抵抗，吴军望旗而降，王濬兵甲满江，旌旗蔽天，威势甚盛，这时王浑、司马伷都逼近建业，吴帝孙皓依光禄勋薛莹、中书令胡冲等的建议，分别派使者奉书给王浑、王濬、司马伷请降。三月十五日，王濬水军过三山（今江苏南京长江边），王浑要王濬暂停战事，王濬举帆直指建业，回报说："现在风向正合适，不能将船停下。”当日，王濬就率领八万士兵、百里船队进入石头城（今江苏南京北郊）。吴帝孙皓向王濬投降。

至此，吴国灭亡。全国复归统一。

刘毅请废九品中正制

晋太康五年（284年）正月，刘毅疏晋武帝司马炎，建议废除九品中正体制。九品中正制度于魏文帝曹丕统治时期制定，是一种选拔人才的制度。魏亡后，西晋沿袭了魏九品中正旧制，但到西晋发生了极大的变化，完全丧失了原来唯才是举的积极功能，沦为维护当权封建士族阶级世袭特权的一种工具。很多有识之士纷纷谴责九品中正制度只重视出身家世，指出那些饱食终日，碌碌无为的庸才因其出身地位显赫高贵而被重用，相反地，那些饱学之士，虽才华出众却因其出身寒门、地位低贱而不被重用，以至于造成“上品无寒门，下品无势族”的不合理现状。

左思咏史

左思是西晋文学家，字太冲，临淄（今山东淄博）人，生卒年不详，《三都赋》、《咏史》为其代表作。他貌丑口讷，不好交游，但文思飞扬，辞藻壮美，名重一时。泰始八年（272年）前后，因其妹左棻被选入宫，他随全家迁居洛阳，曾任秘书郎。元康末年，他为之讲《汉书》的贾谧获罪被诛，于是退居宜春里，专事典籍，辞疾不仕。太安二年（303

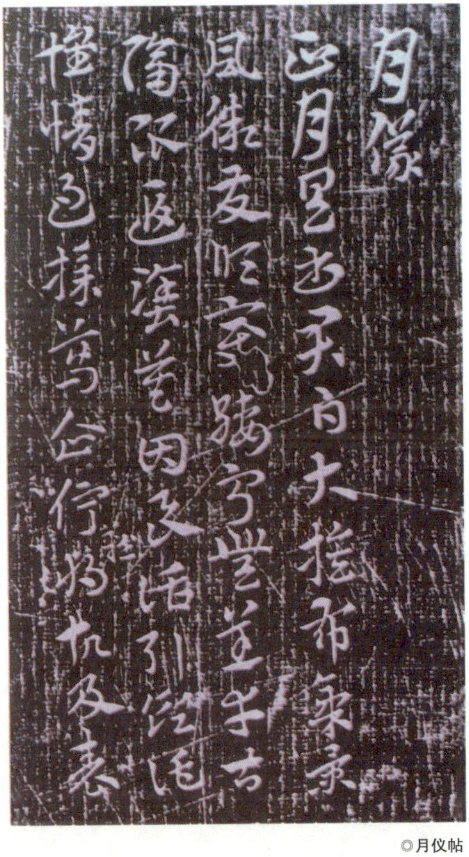

◎月仪帖

年），为避河间王颙部将张方纵暴而由洛阳移居冀州，几年后病逝。他的诗歌代表作《咏史》诗8首，借古抒怀，连类引喻，在史实发微中唱出自己的抱负。左思早年颇有雄心，自视亦高，欲“左眄澄江湘，右盼定羌胡”（第一首），但他出身寒微，在门阀制度的压抑下总是郁郁不得志，心中充满不平与愤懑。在《咏史》第二首中，他揭示了“世胄蹑高位，英俊沉下僚”的不合理现象。第七首则借咏古代贤士的坎坷遭遇，痛陈“何世无奇才，遗之在草泽”，尖锐地抨击了压制、扼杀人才的黑暗现实，也表述了自己怀才不遇的苦闷。

《咏史》还以高度的自信、高昂的激情，声称：“贵者虽自贵，视之若埃尘；贱者虽自贱，重之若千钧。”这样的诗句，掷地有声，令人激奋，于当时有重大意义。

《咏史》诗语言朴实，感情饱满。虽然抒发了内心的苦闷与忧郁，但并不消沉颓丧。诗中回荡着壮志难酬、雄心不死的悲凉，充盈着慷慨壮烈的阳刚之气，在“文体大坏”的西晋文坛上超然而起，代表西晋诗歌的最高成就，并对后来的陶渊明、范云、王勃等产生过影响。

逸闻趣事

洛阳纸贵

西晋太康三年（282年），左思所作《三都赋》蜚声文坛，豪家富室竞相购纸传抄，致使洛阳城内纸价飞涨，时人有“洛阳纸贵”之叹。

《三都赋》是由《蜀都赋》、《吴都赋》、《魏都赋》三篇独立而又相联结的赋组成，洋洋万言，体制宏大，文采富丽，记述三国鼎立时期各都城的山水物产、风土人情。此赋的写作方法及风格虽与班固的《两都赋》及张衡的《二京赋》相似，但它的思想主题则不是传统的“劝百讽一”，而是征信求实的文学主张的体现。因此《三都赋》在后期大赋中占有重要地位。

人物小辞典

儒将杜预

西晋太康五年（284年）闰十二月，杜预去世。

杜预（222年—284年），字元凯，京兆杜陵（今陕西西安东南）人。其祖父是三国魏尚书仆射杜畿，父亲为魏刺史杜恕。杜预出身于豪门世家，后来又娶司马昭的妹妹高陆公主为妻，官拜尚书郎。杜预对军事、政治、天文、地理等都有极高的造诣，是西晋时期著名的将领和学者。曾修改历法，注解《晋律》。

杜预任度支尚书其间，提出50多条措施均被采纳而成绩卓著。咸宁四年（278

年）七月，司、冀、兖、豫、荆、扬等6郡大水，又发生虫害，灾情严重。度支尚书杜预上疏，提出救灾方略：一是决陂放水，二是赊牛春耕。由于他提出的策略既着眼于当时的饥荒，更有利于来年的恢复生产，积极可行，被晋武帝所采纳。黄河的孟津渡口，多少年来，一直是波涛汹涌，水流湍急，黄河两岸的船只常在这里发生船翻人亡的悲剧，阻碍了两岸经济的发展。历代的统治者都想在此建桥，而因种种原因失败。杜预经过精心计算，用古代联舟为浮桥的办法，终于建成了孟津桥。杜预博学多识，尤其精通《左传》，自称有“左传癖”。撰有《春秋左氏经传集解》三十卷、《盟会图》、《春秋长历》及《女记赞》等著作。杜预在荆州任职期间兴修水利，开杨口，起夏水达巴陵千余里，内泄长江之险，外面通零、桂漕运，促进交通运输。练兵讲武，兴办学校。还重修邵信臣遗迹，灌溉田地万多顷，荆州百姓深受杜预采取的措施的好处，时人尊称杜预为“杜父”。荆州还到处有歌谣称颂杜预说：“后世无叛由杜翁，孰识智名与勇功。”

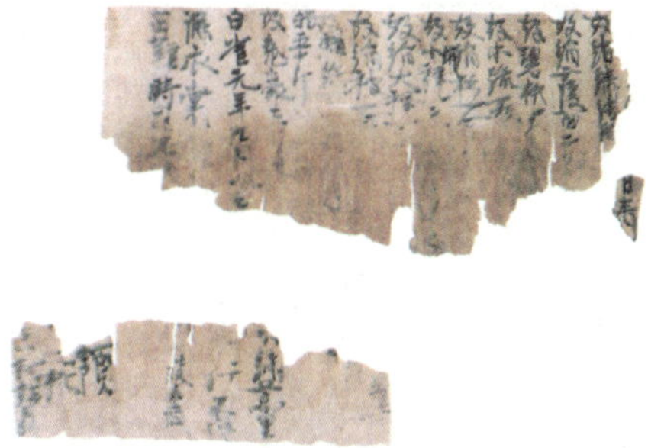

◎后秦白雀元年施胶纸。有“白雀元年（384）九月八日”的确切纪年。该纸色黄，有水浸纹。经检验，正面有淀粉糊剂再以细石蚜光，故称“白雀元年施胶纸”。这是中国发现的最早的施胶纸。说明中国在此以前已掌握了施胶技术。施胶的目的是为了增强纸的强度和抗水性，是造纸术上的进步。

纸写书普及

随着造纸术的发明与发展，到了晋朝，纸写书得到广泛的推广与普及。随着纸的普及运用，纸写书也应运而生，图书形式逐渐由简、帛向纸写书过渡。东汉人崔瑗曾用纸抄书送给朋友葛元；魏国曾将曹丕的作品《典论》和诗赋用纸书写一套，送给张昭，作为外交上的礼物；西晋，书籍已开始大量采用纸抄写的方式，左思著《三都赋》，引起很大反响，富贵人家争相抄写下来以作收藏之用，甚至一度造成“洛阳纸贵”。等到了东晋，官府正式确立纸在抄写书籍上的地位。桓玄帝曾下令：废除简和帛，一律改用纸。从此，简帛时代宣告结束，图书进入纸抄书阶段，直至后来印刷术发明。

纸写书初期，所采用的纸多以黄纸为主，这是一种经黄蘖汁处理后的纸。贾思勰的《齐民要术》卷三《杂说》中曾详细记载了用黄蘖汁处理纸的工序：将黄蘖泡在水中，泡出黄蘖汁，再将经过浸泡的黄蘖捣碎，煮沸，倒入布袋，用劲榨出汁液，再煮，再挤，如此三次，将挤出的汁与开始浸泡出的汁混合起来，用它来浸泡纸张，就可得到黄纸。经过浸泡的

◎西晋庄园生活壁画

黄纸既美观又耐腐朽。随着造纸技术的提高，以后又逐渐出现过各种各样的纸，如草纸、竹纸、藤皮纸等等。

纸写书的出现及普及，方便了学术文化的传播与交流。

陈寿撰成《三国志》

太康六年（285年），陈寿撰成《三国志》。

《三国志》是纪传体三国史。共65卷，分魏、蜀、吴三志。其中《魏志》30卷、《蜀志》15卷、《吴志》20卷。只有纪、传而无表、志。《魏志》前四卷称纪，《蜀志》、《吴志》有传无纪。

陈寿（233年—297年），字承祚。西晋巴西安汉（今四川南充北）人。少好学，曾受教于谯周。蜀汉时历任卫将军主簿、东观秘书郎、散骑黄门侍郎。入晋后，历任著作郎、治书侍御史等。太康元年（280年）晋灭吴后，他搜集魏、蜀、吴史料，终于撰成《三国志》65卷。

《三国志》取材严谨，文笔精练，记事比较真实。凡三国时期在政治、经济、军事上有关系的人物，以及在学术思想、文学艺术、科学技术上有贡献的人，书中都有所记载。此外也记录了国内少数民族以及邻国的历史。但记载过于简略，对一些重要的历史事件和人物事迹，语而不详，甚至遗漏。另外，《三国志》没有关于典章制度等方面的志，是其一大缺憾。

由于《三国志》叙事较为简略，南朝宋文帝命裴松之作补注。裴松之广搜资料，引用之书多达200余种，终于在元嘉六年（429年）撰成《三国志注》。除少数文字上的解释外，更主要的在于补充原书记载的遗漏和纠正错误，并对史家和著作加以评论。对于《三国志注》来说，其主要价值在于提供了大量资料，使史事更加详明，以补《三国志》之不足。因此，对于研究三国时代史事，《三国志注》的重要性和价值可与《三国志》相媲美。

◎吴国天发神谶碑

贾后专权

元康元年（291年）三月八日，皇后贾南风谋杀了太傅杨骏，这是贾后专权的开端。

杨骏是司马炎（晋武帝）继后杨芷的父亲，弘农大族，专权好利。司马炎病危时，杨骏与皇后杨芷密

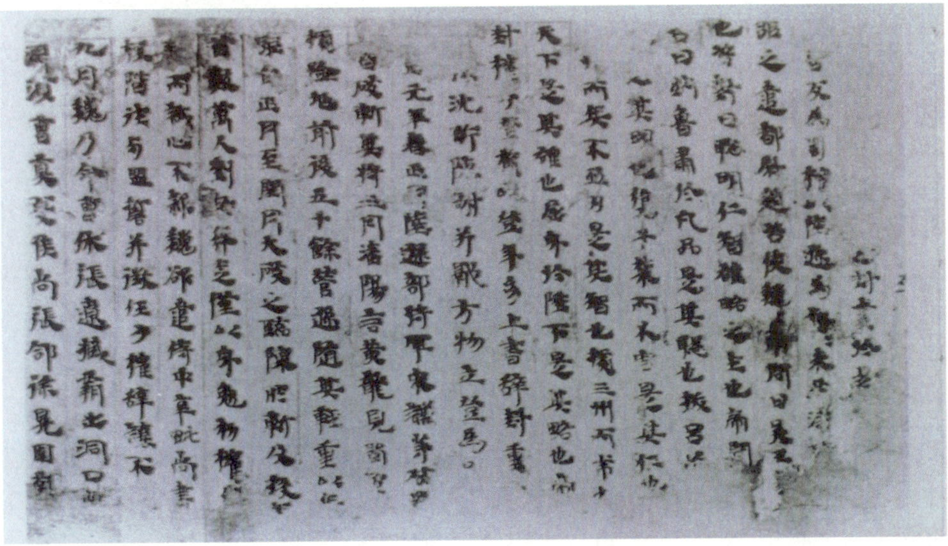

◎晋《三国志》写本残卷

◎西晋对书俑。俑胎灰白，青绿色釉开片，多已剥落。两俑相对跽坐。案的一端置一长方形书箱，中间有笔架，案另一端置长方形砚。此俑的衣袍、手等的塑造十分简朴，而对帽及案、书箱、笔却又注意细部的刻画，如案上的纹饰、书箱上的提手和所系的绳子，都表现得相当逼真。

谋，私藏诏令，将同时受命辅政的汝南王司马亮排挤掉，独自成为顾命大臣。司马衷（惠帝）即位后，杨骏升任太傅、大都督。他独专大权，总揽朝纲，培植亲信，一切诏命都由杨骏主裁。因杨骏专权，刚愎任性，宗室王公，中外官僚，大都怨愤不平。贾南风原是太子妃，因妒忌杀死了几个人，又把戟投向怀孕的妾，使其流产。武帝司马炎大怒，修金墉城，打算废除她。荀勖、杨珧等人搭救她，杨后也为她说情。杨后还多次劝戒贾妃，贾妃不知杨后是帮助自己，反而以为杨后在武帝面前诋毁她，因而更加痛恨杨后。加上贾后想干预朝政，被杨骏所压抑，更痛恨其父女。晋元康元年（291年）三月初八，贾后和殿中中郎孟观、李肇、黄门寺人监董猛密谋政变，伪造诏书，诬杨骏谋反。命东安公司马繇率殿中400人讨伐杨骏，楚王玮屯兵司马门。当时杨骏居曹爽故府，听说变故的消息后，召请官员商议对策，太傅主簿朱振劝杨骏烧云龙门，引兵拥皇太子入宫，收捕奸人。杨骏一向怯懦，说：“云龙门是魏明帝所建造，耗费了很多人力财力，怎么能烧呢?”官员见这样都借故散走。杨太后在帛上写了“救太傅者有赏”，用箭射到城外。贾后因此说太后是杨骏谋反的同伙。司马繇的兵烧了杨骏的府第，把杨骏杀死在马厩中。最终朝廷的大权全部落到贾后的手中，她委任亲党，在张华、贾模、裴同心辅政下，朝野暂时安宁。

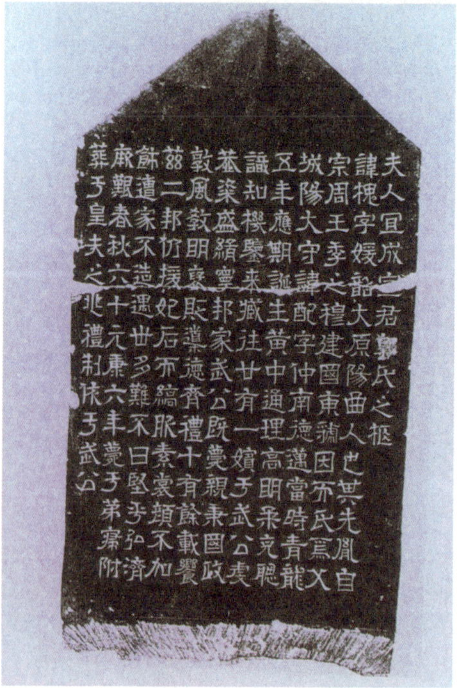

◎晋贾后之母郭槐柩铭

◎西晋灰陶加彩女俑

“八王之乱”开始

晋永平元年（291年），贾后命楚王司马玮杀杨骏及其同党，剪除其势力。以汝南王亮和卫瓘辅政，不久又让楚王玮杀司马亮及卫瓘，随即又矫诏杀了司马玮。贾后独掌朝政。

晋元康九年（299年）末，贾后将皇太子司马遹废为庶人，以便自己长期专权，绝人所望，没承想给赵王伦发动兵变制造了借口。永康元年（300年）四月三日，赵王伦和孙秀联结右卫佽飞督闾和发兵进攻洛阳，斩杀贾后。一场持续16年之久的皇族夺权混战就此开始。这场混战史称“八王之乱”。

赵王伦于攻占洛阳的第二年（301年）废帝自立。齐王冏、成都王颖、河间王颙联兵向他发起进攻，杀了赵王伦，拥惠帝复位。齐王辅政专权，引起义愤，长沙王乂和河间王颙又联合起来，举兵攻齐王冏，齐王冏兵败被杀。长沙王乂掌握朝政。

晋太安二年（303年），河间王颙又联合成都王颖进攻长沙王乂，颖得以独断朝政。这年底，东海王司马越起兵攻乂，乂兵败被杀，司马越奉惠帝之命攻打颖，失败后颙乘机攻占洛阳，独揽朝政。

晋永兴二年（305年），司马越再次起兵进攻颙，颙战败，与颖相继被杀，晋光熙元年（306年），晋惠帝中毒而死，司马越另立司马炽为帝，即晋怀帝，自掌大权。“八王之乱”方告结束。

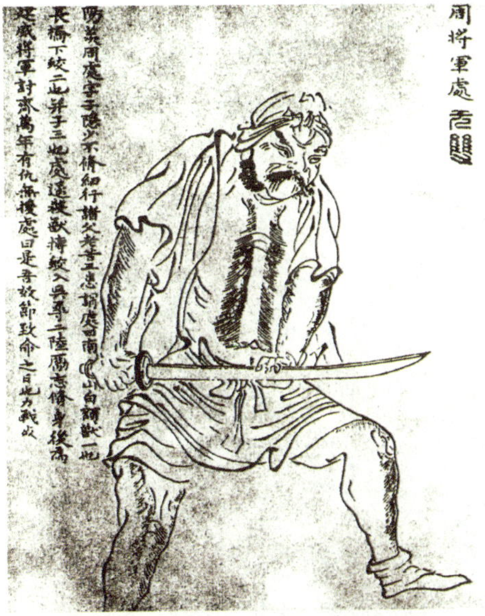

◎晋代周处像。周处（晋），字子隐，少孤，不修细行，州里患之，与南山之虎、长桥之蛟，并称三害。周处乃射虎斩蛟，入吴从二陆求学。归晋，迁御史中丞，氐族齐万年反，处受命征讨，力战而死。

文化小辞典

《博物志》

西晋张华编成一部广征地理博物琐闻的志怪小说集《博物志》。

西晋志怪小说盛行，这与当时神仙方士之说盛行、佛道二教广泛流传有密切关系。这时期志怪小说流传至今的便有30多种，内容庞杂，大致可分为三类，一是炫耀地理博物琐闻，二是夸饰正史之外的历史传闻，三是讲说神仙鬼怪故事。地理博物类小说除《博物志》外，还有《神异记》、《十洲记》等。

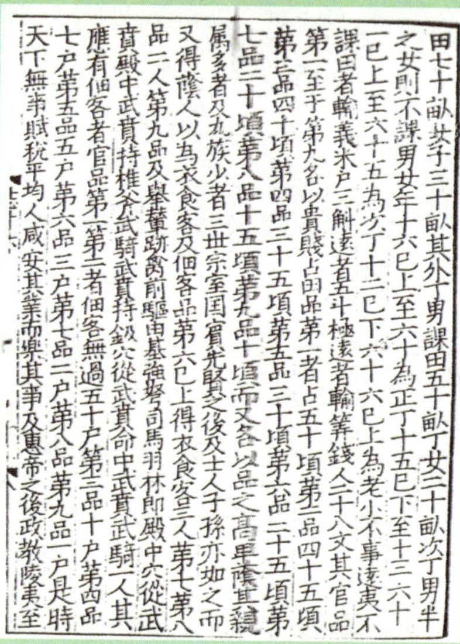

田七十畝女子三十畝其外丁男課田五十畝丁女二十畝次丁男半
之女則不課男女年十六已上至六十為正丁十五已下至十三六十
一已上至六十五為次丁十二已下六十六已上為老小不事遠夷不
課田者輸義米戶三斛遠者五斗極遠者輸筭錢人二十八文其官品
第一至于第九各以貴賤占田品第一者占五十頃第二品四十五頃
第三品四十頃第四品三十五頃第五品三十頃第六品二十五頃第
七品二十頃第八品十五頃第九品十頃而又各以品之高卑蔭其親
屬多者及九族少者三世宗室國賓先賢之後及士人子孫亦如之而
又得蔭人以為衣食客及佃客品第六已上得衣食客三人第七第八
品二人第九品及舉輦跡禽前驅由基強弩司馬羽林郎殿中冗從武
賁殿中武賁持椎斧武騎武賁持鈒冗從武賁命中武賁武騎一人其
應有佃客者官品第一第二者佃客無過五十戶第三品十戶第四品
七戶第五品五戶第六品三戶第七品二戶第八品第九品一戶是時
天下無事賦稅平均人咸安其業而樂其事及惠帝之後政教陵夷至

◎《博物志》书影

《神异记》模仿《山海经》分东荒经、南荒经等九章，保存了不少神话传说。《十洲记》则记载汉武帝向东方朔询问祖洲、炎洲、长洲等十洲异物主事，不乏生动有趣之笔。《博物志》分类记载异境奇物、古代琐闻杂事和神仙方术等，既有山川地理知识，又有历史人物传说，奇异花草虫鱼、飞禽走兽的描述，还有怪诞不经的神仙方术故事，大都取材古籍，保存了不少古代神话资料。如书中西晋采桑壁画记载八月有人浮槎至大河见织女的奇闻，成为牛郎织女神话的原始资料。据《隋书·经籍志》杂家类著录，《博物志》共10卷。流传至今内容混杂，文辞疏略，注释极少，可能是原书失传后由后人搜辑而成。

◎西晋采桑壁画

“三张”驰名文坛

张协与其兄张载、其弟张亢，均是西晋有名的文人，时称“三张”。“三张”中，张亢稍逊，故也有人以张华代之，认为“三张”指的是张协、张载、张华。今从此说。

◎日本出土魏景初三年制铜镜

张协，西晋文学家，字景阳，安平（今属河北省）人。曾任公府掾、秘书郎、华阳令等职。301年，为征北将军司马颖从事中郎，后迁中书侍郎，转河间内史，治郡清简。惠帝末年为避乱而辞官隐居，以吟咏自乐，复征为黄门侍郎，他托病辞之，后在家逝世。他的诗作大多散失，今仅存10余首，或写羁旅之思，或抒遁世之情，或拟闺中之怨。多愁善感，意境凄婉，文辞精美而清拔，写景洗练而传神，在艺术上有其独到之处，对后来的一些著名诗人如陶渊明、谢灵

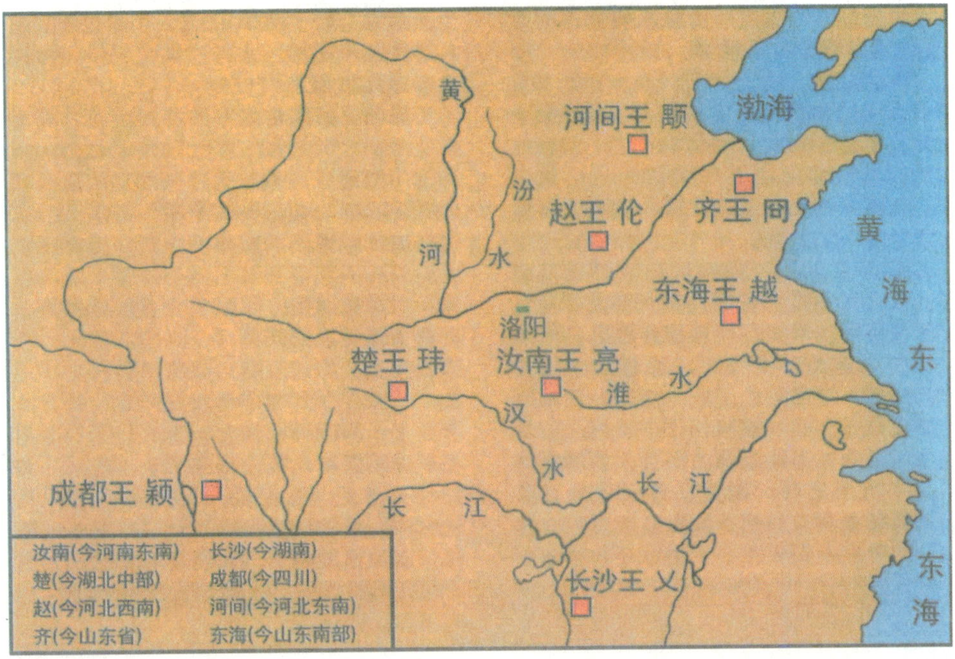

◎八王之乱图

◎公元四世纪高句丽狩猎壁画。是高句丽壁画中杰出的代表作品。

◎西晋持便面俑、戴风帽俑

◎西晋胡人兵俑

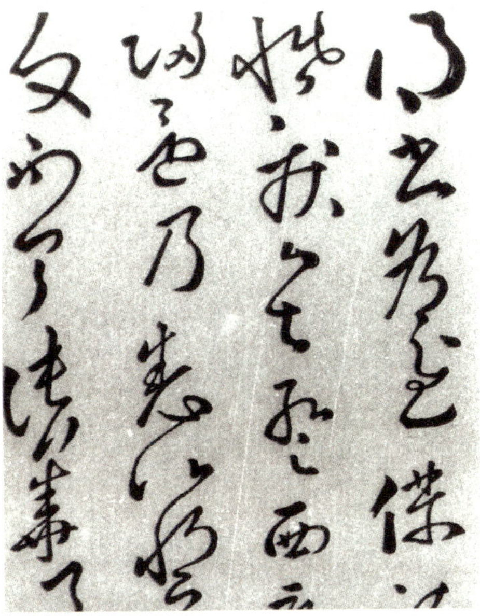

◎张华书简

运、鲍照等都有一定影响。他的赋仅存6篇，多系残稿，仅《七命》一篇较完整。此文辞藻精美，显示出作者在锤字炼句方面的功力。

张载，西晋文学家，字孟阳，张协之兄，生卒年不详。聪明博学，曾任《博物志》书影佐著作郎、著作郎、记室督、中书侍郎等职。西晋末年为避乱世而托病告归。他的《剑阁铭》被后人誉为“文章典则”，晋武帝曾派人镌刻于石。较好的有《七哀诗》2首，或叹纷乱、沧桑变化，或写秋林萧瑟、凄清，表现了作者的孤独与苦闷。此外还有几篇赋、颂和铭文。明人张溥把他和他弟弟张协的作品辑为《张孟阳景阳集》，收在《汉魏六朝百三家集》中。

张华，西晋文学家，字茂先，范阳方城（今河北固安县）人。身世孤寒，曾以牧羊为生。他刻苦自励，学业优博。魏末，被荐为太常博士。晋武帝时，因力主伐吴有功，历任要职。惠帝时为赵王司马伦和孙秀所杀。他的诗作今存32首。其中少数作品抒发自己的雄志，抨击骄奢淫逸之风。但其他一些则内容空虚，堆砌辞藻，华而不实。他编撰的《博物志》，分类记载异境奇珍、古代逸闻、神仙方术。

卫恒作《四体书势》

卫恒（？—291年）是西晋书法家，他潜心书法理论，撰成《四体书势》一卷，从理论的角度提升了三国

◎洛阳出土晋武士俑

两晋时的书法艺术。卫氏一门四代均善书法，家学渊源，历数世而不衰坠。卫恒擅长各种草、隶书体，但传世之作多为草体，笔法刚健有余，又流转风媚。卫恒晚年时撰成《四体书势》，从风格辨识文字的书体，进而提出“书体”和“书势”的命题，阐明其特点，认为书势是静止的书法所显示出来的动态，具有节奏和运动感，而且由于书体之不同，则书势随之存在差异，即“异体同势”。后来王珉、刘劭，直至康有为、沈尹默的书法理论，都是承卫恒之说，只是有所增添发展而已。《四体书势》在于对四体书法的欣赏，他以自然形象为比喻，寓评论于欣赏之中。这与《诗经》六义中的“比”，有异曲同工之妙。

◎西晋灰陶鞍马

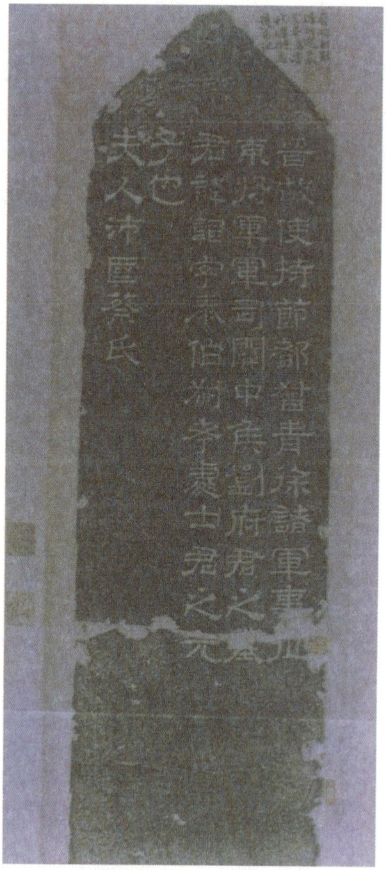

◎晋刘韬墓志

《四体书势》是现存最早和比较可靠的重要书法理论之一，记载了有关当时的各种书体、书史的演变，具有很高的史料价值。

清谈盛行

整个魏晋南北朝时期，民族矛盾、阶级矛盾交织，政治动荡，朝臣们的命运朝不保夕，文士对功名利禄避之不迭。清谈，作为一种远离时务“谈尚玄远”的风气盛行起来。

清谈亦称“清言”或“玄谈”，始广于东汉末年的人物品题。曹魏政

◎西晋青釉香薰

◎青瓷盆

◎西晋牧马壁画

◎吕氏砖

◎西晋牛耕壁画。本图为一男架牛犁地，再现了当时的农业生产活动。

权建立以后，为了适应其打击豪强地主的政治需要，推行“九品中正制”，以此吸纳庶族士子入仕，使之成了识别人物、选拔官员的“才性之学”，从而清谈从单纯品题人物变为抽象的才性问题的讨论。刘邵的《人物志》就是关于才性问题的代表作。

正始以后，司马氏把持朝纲并进而篡立，政治进入了中国历史的最黑暗时代，为了逃避罗网，文士们绞尽了脑汁，他们认为，躲避政治陷害的最好办法是少讲话，不讲话，或者讲一些无关痛痒的废话和模棱两可的“玄言”。司马昭称阮籍为“天下第一谨慎之人”，他每次谈话，都言语玄远，从不评论时事、臧否人物。嵇康讲话也意在言中但不留下任何把柄，以此作为全身之道。尽管如此，也难免被猜疑，因而名士们还以酒和药作为护身符，服寒食散和借酒浇愁成为一种时尚。这种怪诞放达行为的思想和理论依据乃是来源于老庄的自然无为思想。从而，在这一时期，清谈融入了《老子》、《庄子》、《周易》所谓“三玄”的思想，使之玄学化。

向秀、郭象注《庄子》

魏晋玄学是糅合儒、道而形成的一种唯心主义思想体系，在探讨世界本原、名教与自然等哲学问题时，把《老子》、《庄子》和《周易》视为基本思想资料，大加阐发，其中注《庄子》者不下数十家，而向秀、郭象注本最具影响力，并将玄学理论推向了高峰。

向秀（约227年—272年），字子期，河内怀（今河南武陟）人，为“竹林七贤”之一。他早年淡泊仕途，有隐居之志，后被迫出仕，但无意于此，仅以此作为存身之计。向秀的主要著作为《庄子注》，被时人所称赏，但全本已佚，仅有少量佚文保存于张湛《列子注》、陶弘景《养生

◎西晋青瓷四系带盖双鸟盂。造型美观，玲珑精巧，是一件艺术效果极佳的实用工艺品。

◎西晋青釉印纹四系罐

廷命录》、陆德明《经典释文》、李善《文选注》等著作中，从中可以窥见其主要思想。其中合“自然”与“名教”为一，更强调“自然”应合于“名教”的主旨，对郭象有直接影响。

郭象（约252年—312年），字子玄，河南人，《庄子注》是他流传下来的重要著作，郭象注本是汲取向秀的思想，总结了前人《庄子》注的成果，对向秀注加以阐发和弘扬，又具有自己的独到之处的集大成之作。

《庄子注》版本很多，而1961年中华书局出版的郭庆藩《庄子集释》校点本比较完善和通行。

《庄子注》代表了魏晋玄学发展的一个重要阶段，是早期玄学贵无论理论和“越名教而任自然”的名士风气遭到裴頠等人崇有论的批评、驳难后出现的，企图调合有与无、名教与自然的对立，而创“独化论”，适应了门阀贵族的政治需求，同时，是对《庄子》思想的一次重大改造和发展，因而影响深远。

赵王伦称帝

永康元年（300年）八月，司马伦立愍怀太子之子为皇太孙后，总揽了朝纲，以相国身份入朝辅政，但他并不满足于已获得的官位，在孙秀的唆使下，赵王伦图谋篡夺皇位。

◎晋木棺彩绘伏羲女娲图。图在漆木棺盖内面，右侧绘伏羲，左侧绘女娲，皆人首龙身，龙身下部有两足。身披羽裳，宽衣博带，迎风飘动。伏羲有微须，右手持剪，左手捧赤日，日中有黑色三足乌。女娲发髻高耸，左手持规矩，右手捧明月，月中有蟾蜍。伏羲和女娲的周围满布流动的云气纹，象征墓主人死后升仙登临的天界。这幅《伏羲女娲图》，深灰色作底，上以朱砂、石黄、赭石、石青、白、黑等色涂绘。刻画细微，用笔流畅随意，以浩荡的云气衬托出遨游其间的神仙，具有奔放飞扬的气势。

◎西晋象牙尺

永宁元年（301年）初，司马伦、孙秀让牙门赵奉诈称宣帝司马懿神语说：司马伦应尽早做皇帝。仪阳王司马成为了讨好司马伦，逼夺了惠帝的玺绶，作了禅让的诏书，禅让皇位给司马伦，司马伦假装不接受，于是宗室诸王、王公卿士都称符瑞天文来劝他，司马伦就举行了仪式，即皇帝位，大赦天下，改元建始。尊惠帝为太上皇，将其囚禁于金墉城，改为永昌宫。立世子荂为皇太子，馥为京北王，虔为广平王，诩为霸城王，司马彤为宰衡，何劭为太宰，孙秀为侍中、骠骑将军、仪同三司，司马威为中书令，张林为卫将军，其余党徒都封卿、将，下至奴卒也加了爵位。由于司马伦智慧不足，能力低下，朝权落到孙秀的手中，司马伦所下发的诏书，被孙秀肆意篡改。永宁元年（301年）初，赵王伦篡夺帝位后，引起朝野的怨愤。三月，齐冏与豫州刺史何勖、龙骧将军董艾等起兵共同讨伐赵王伦，并派遣使者约请成都王颖、河间王颙、常山王乂等发兵。诸王先后起兵响应。但扬州刺史郗隆和安南将军孟观则依附于司马伦。

晋惠帝复位

司马伦、孙秀急忙调兵设防，在洛阳附近激战了两个多月被击败。四月，洛阳城中王舆与广陵公漼发动兵变，自南掖门入宫，杀了孙秀及党徒，囚禁了赵王伦。于是派甲士数千人到金墉城迎回惠帝，并将赵王伦及其子押送金墉城。不久赐死，其四个

◎西晋骑吏俑。青瓷骑吏俑胎灰白，青釉开片。塑造手法简练，神态逼真。

◎西晋庄园生活壁画。壁画共五层。第一层为宴饮，第二层为出行，第三层为牛车，第四、五层为马群、羊群、牛群。根据出行人物的舆服制度，可以推知墓主人似为千石至二千石的郡级官吏。

◎嘉峪关出土西晋墓出行图砖画

儿子被杀。凡是他任命的官吏都被罢免。其军队也先后归降。惠帝复位后，改元永宁，大贺五日，派遣使者慰劳司马冏、颖、颙三王。他们先后进京，威震京都。永宁元年（301年）六月，司马冏进入洛阳，受拜为大司马，加九锡，入朝辅政。他一入朝就设置掾属，大兴土木，修筑府第，甚至与皇宫中皇帝所住的西宫攀比。成都王颖为大将军，加九锡，入朝时不必跪拜，允许佩剑入宫。河间王颙加三赐之礼。梁王肜为太宰，领司徒。广陵公漼、新野公歆进爵为王。司马还封冏葛、路秀、卫毅、刘真、韩泰为县公，引入心腹和得力助手，号称“五公”。新野王歆建议齐王将成都王颖留在京城辅政，否则，就应夺取其兵权，但颖的部下卢志亦劝司马颖离开朝廷，以避免冲突。于是颖以探望母亲的病为借口回到了封地，朝中大权全部被齐王冏掌握。

中国书法成为独立艺术

汉魏时期，通行的隶书在发展到波磔挑法高度程式化的顶峰时，开始走向衰落。楷书作为一种新体在汉魏书家的逐步探索，特别是钟繇所创楷法的影响下，正走上取代隶书的行程；由隶书的简易发展起来的章草日益兴盛时，今草在楷体的兴起发展激励下，已露出取代章书的端倪；行书则在楷书、草书两种势力的夹攻下也在积累孕育。它们都为中国书法艺术在晋代大放异彩准备了内在的条件。

◎“晋归义氐王”印

东汉和帝（89年—105年）时，蔡伦发明了造纸术，用树皮、破布、废网等造纸，纸质坚韧，造价便宜，纸被普遍使用，为书法练习和传播提供了便利条件。这时层出不穷的书法家作为书法艺术的主体，在代代传承、代代创新的艺术积累中，最终使中国

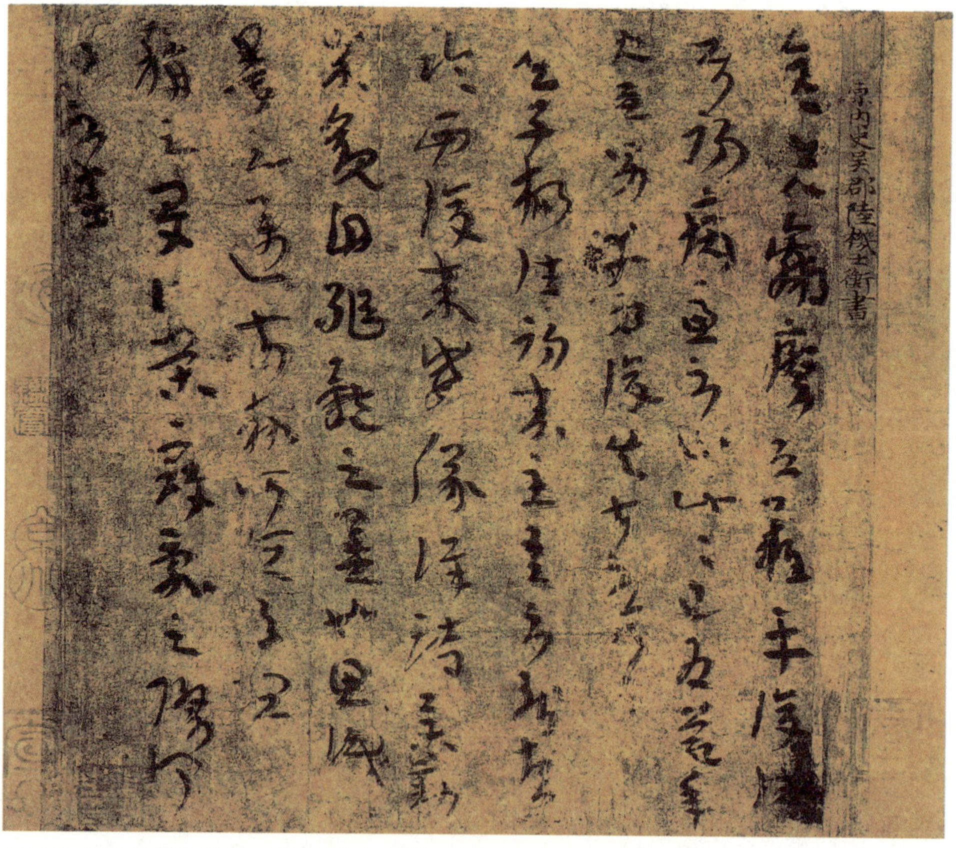

◎平复帖。我国现存的古代书家墨迹，以西晋陆机《平复帖》为最早。此帖颓笔枯锋，运笔古雅，是由隶体变草体过程中所出现的“初草”。

◎西晋青瓷兽形尊

的书法在晋代成为一种独立艺术。

晋代，楷书经王羲之的改进最终独立成新书体，又经王献之的创新，结束了楷书体的衍变过程，使楷书发展成熟；王羲之书天下第一行书——《兰亭序》后，行书成为士大夫阶层最流行的书体；献之又将其父的草书由“破体”而成“一笔书”，使今草由此定型；行草介在行书和草书之间，也得到深入的发展。

晋代书法作为一种独立的艺术，可与唐诗、宋词、元曲、明清小说相提并论，是中国古代文明史上光辉灿烂的一页。此时的书法名品很多，成为后世学书者的楷模，著名的书家有近二百人，可谓书法艺术的顶峰，对后世产生了深远影响。

小辞典 文化

《平复帖》

西晋陆机的《平复帖》，代表了三国孙吴士大夫阶层的风格，质朴老健，自然天成。

陆机，字士衡，吴郡（今江苏苏州）人，著名的文学家、书法家。从小就以文章得名，特别擅长于辞藻宏丽之诗文。尽管陆机为文名所掩，因而书名不彰，但《平复帖》奠定了他在书法史上的地位。

《平复帖》是中国古代名书法家流传至今的最早墨迹，帖纸本，纵23.8厘米，横20.5厘米。帖的内容是写给朋友的一封信札，文词优美，书体应是当时流行之式，可以看到草书由章草向今草的发展和演变，书法使用秃笔。

《平复帖》纸纹细断，墨色微绿，古意斑驳，而字奇幻不可读。这种笔法与后来之怀素《千文》、《苦笋帖》和五代杨凝式之《神仙起居八法》有近似之处，可见该帖对书法史之影响。

◎“晋率善明胡伯长”印

李特率流民起义

◎晋青瓷虎子

自元康七年（297年）以来，晋诸王连年混战，生灵涂炭。各地又接连遭逢灾荒，瘟疫流行，迫使百姓流徙逃荒。当时的户籍总数约377万，而逃往外地的灾民达30万户，计百万人口。晋朝政府多次下诏严禁流民入蜀，却毫无成效，仅是一纸空文。晋廷追究益州太守赵“不能控驭”的责任，打算任命成都内史耿滕接替他的职务。李特及其弟李流在平定赵时有功被封侯，授宣威将军、奋武将军。这时他们在绵竹安抚流民，不到一个月就有两万多人来归附。其部下亦有几千人。李特派阎氏去要求罗尚宽限，得到罗尚允诺。广汉太守辛冉、犍为太守李苾发兵进攻流民，罗尚也派兵助战。于是李特率领流民军向官军展开进攻，击败官军。六郡流民推李特为镇北大将军，李流为镇东大将军，多次打败川军，占据广汉后，又进攻成都。

◎“晋乌丸归义侯”金印

李特全家及亲戚皆是将帅。李特起兵后，晋廷极为恐惧，多次派军队镇压，流民军不断取胜。永宁二年（302年）五月，李特自称大将军、益州牧、都督梁、益二州诸军事。八月，又连败官军，进攻成都时，军势大盛，蜀地的豪强如李猛等都来依附。

李特进驻成都少城后自立年号为建初。太安二年（303年）二月，流民军被罗尚的官军偷袭，李特等人被杀，李流接替其职责，退保赤祖（今四川绵竹东），不久由李雄代替执掌军事，势力有所恢复。闰十二月，李雄攻入成都，罗尚弃城而逃。晋太安二年（303年）五月，义阳平氏县（今河南桐柏）蛮族人张昌聚众起事，反抗晋朝廷。

张昌起义

张昌本是“义阳蛮”，曾担任平氏县史，常以迷信惑众。当时西晋为征讨巴蜀的李流，颁布“壬午诏令”，征发荆州汉、蛮等族的丁壮，号称“壬午兵”，并责令地方官严加查察，引起民众强烈不满。郡县官吏害怕朝廷诏，纷纷驱赶兵丁。当时江夏获丰收，民众到这里就食者数千人，张昌乘机煽动民众，率领安陆石岩山流民及戍役造反起事，很快占据江夏，人数拥有数万，拥立山都县吏丘沈为天子，更名“刘尼”，诈称汉朝后代。张昌自为相国，改名李辰，建元神凤，郊祀、服色一律依照汉朝规定。一时间江、沔民众纷纷响应，不久达三万人，晋朝廷先后派军镇压，均因张昌抵抗或晋朝廷内争而没能成功。张昌大败官兵，杀亲刚阳

◎“晋鲜卑率善长”印

◎鄯善有翼天人。新疆若羌县在汉代属鄯善伊循地区，处于中原通往西域各国的丝绸之路上，经济、文化比较发达，接受佛教影响也较早。公元三至四世纪时，鄯善已是一个佛教盛行的小国。20 世纪初年，曾在此地的米兰一带发现数处鄯善时期的寺院遗址，其中残存的壁画（时间约在公元300 年左右）是我国现存时间最早的寺院壁画。此块残壁上绘一半身像，脸略圆，梳男孩发式，背后有伸张的双翅，显然是佛教中的天人。画像用线简练，造型准确。这种天国人物的艺术形象经常出现在犍陀罗雕塑中，也曾传播到新疆米兰一带，只是并未继续东传至中国内地。

王司马歆。张昌乘此机会，派石冰进攻扬州，又攻破江州、武昌、长沙；临淮人封云起兵进攻徐州，以响应石冰。于是荆、江、徐、扬、豫五州多为张昌攻占。太安二年（303年）七月，镇南将军刘弘都督荆州军事，派南蛮长史陶侃在竟陵（今湖北潜江西北）围攻张昌，陶侃军数次与张昌交战，屡次获胜，张昌损失数万人。屯骑校尉刘乔为豫州刺史，从东向张昌进攻，占领江夏，杀了张昌的皇帝刘尼。石冰在江东也被广陵郡度支陈敏率兵所灭。张昌于是退入隽山（今湖南沅陵），部众多投降官军。陶侃由此名声日渐大起，张昌势力逐渐转入穷困。永兴元年（304年）七月，张昌被荆州兵俘获而死，三族被夷灭。

东海王返还洛阳

自元康元年（291年）起，先后有汝南王亮、楚王玮、赵王伦、齐王冏、长沙王乂、成都王颖、河间王颙及东海王越等为争夺最高权力互相残杀，前后长达十六年之久，史称“八王之乱”。到光熙元年（306年）十二月，以东海王司马越独掌朝政，才告结束。

东海王越发兵迎接惠帝返还洛阳以后，司马颙、司马颖失去了势力，政权渐渐又被东海王越所掌握。东海王越，字元超，高密王司马泰的儿子，因为讨伐杨骏有功，封五千户侯，又别封东海王。光熙元年（306

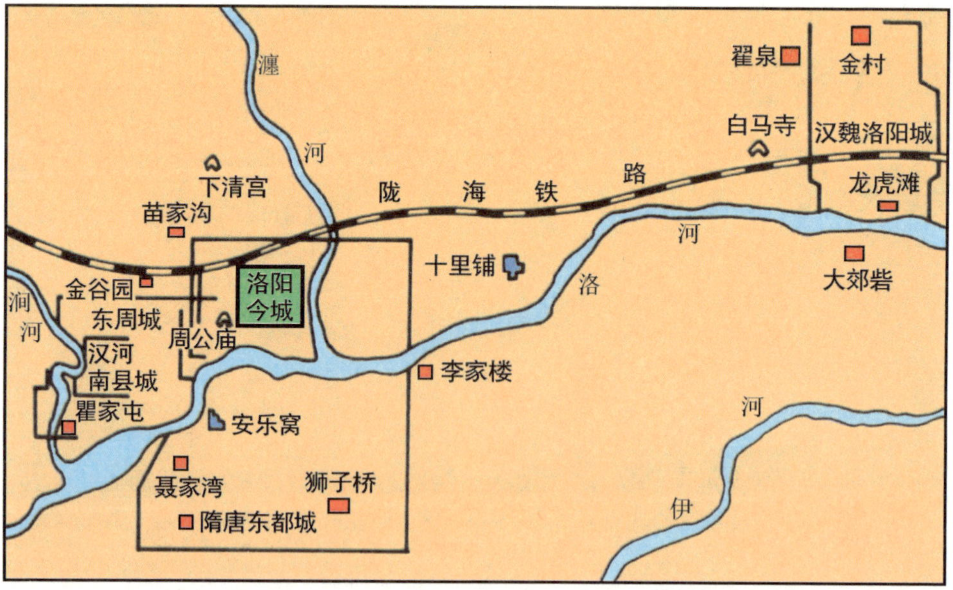

◎洛阳附近历代城址变迁图

◎西晋青釉辟邪

年）八月，东海王越任太傅、录尚书事；司马虓、司马模、王浚等分别为司空（镇邺），镇东大将军（镇许昌）及幽州刺史（镇范阳）。而流窜到朝歌的成都王颖本想与公师藩会合，却被顿丘太守冯嵩擒获，送到邺城。范阳王虓不忍伤害成都王颖，便把他幽禁起来。十月，范阳王司马虓病死。长史刘舆便以害怕成都王颖鼓动邺城人作乱的名义，叫人装扮成召使，谎称诏书下，赐死成都王司马颖，司马颖死时年仅28岁。他的两个儿子也被杀。

“八王之乱”结束

晋惠帝吃饼中毒，在显阳殿身亡，年48岁。惠帝司马衷在位16年，改元7次，朝廷纲纪大坏，宠信奸臣，忠贤之士皆被陷害。高平王沈所著的《释时论》、南阳鲁褒所著的《钱神论》、庐江杜嵩所著的《任子春秋》都是痛疾这些时政的。

对于司马衷的死，时人传说是司马越所为。惠帝死后，他弟弟司马炽继位，这就是孝怀皇帝，年号永嘉。十二月，司马越以诏书征召河间王司马颙进洛阳任司徒，南阳王司马模派遣他的大将梁臣迎在新安（今河南渑池东）途中暗杀了河间王颙，同时被杀的还有他的三个儿子。至此，惠帝司马衷和成都王司马颖、河间王司马颙二王都被杀害，一切朝政大权，全部落入东海王司马越手中。前后延续了16年之久的诸王争权夺位，战乱纷起，令百姓涂炭的“八王之乱”终于结束。

◎西晋瓷俑

刘渊称帝建汉

永嘉二年（308年）十月，刘渊称皇帝，国号汉，改元永凤。

刘渊称王建汉后，势力不断增长。造反兵败的石勒率领胡人部众几千人，乌桓部落2000人归顺刘渊，上郡（今陕西北部）四部鲜卑陆逐延、氐酋大单于徵、东莱王弥等也都归降刘渊，形成了一支由匈奴、鲜卑、羯、氐、羌等各族组成的反晋力量，刘渊称帝的意图也渐明显。为给建立帝业做准备，刘渊四处出兵，频繁侵扰晋地。首先派刘聪向南占据太行（今山西晋城南），又遣石勒等十大将东下攻取赵（今河北赵县、临城一带）、魏（今河北磁县、临淳、广平一带）。永嘉二年（308年）七月，刘渊攻陷平阳（今山西临汾西）、蒲坂，占据河东，把首都迁到蒲子（今山西隰县）。永嘉二年（308年）冬十月，刘渊正式称皇帝，改元永凤，国号汉，封其子大将军刘和梁王，且为大司马；尚书令刘欢乐陈留王，且为大司徒；御史大夫呼延翼雁门郡公，且为大司空。

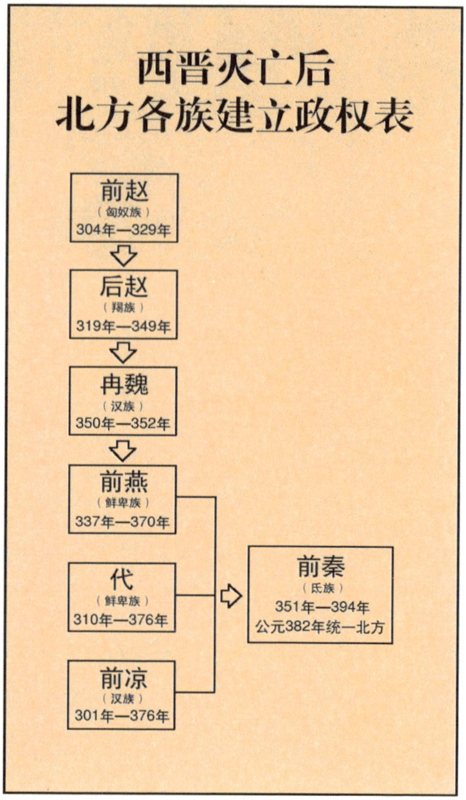

◎北方政权表

祖逖北伐

建兴元年（313年）八月，奋威将军、豫州刺史祖逖击楫中流，率军北伐。司马睿立国江东，收复故土本应是东晋头等重要的政治大事。当时，汉族人民对北方“胡羯”军事贵族的统治十分仇恨，也希望东晋政权能够北伐。但东晋统治者热衷于江南的庄园经营，内部的争权夺利也牵制并削弱了其力量。统治者毫无进取之心，偏安江南，无心北伐，只有个别人物进行了北伐活动，最早提出北伐的是祖逖。祖逖（266年—321年）是北国范阳世家大族，曾与刘琨同为司州主簿，两人“共被同寝”，闻鸡起舞，志向宏远。中原大乱时，刘琨留在北方坚持抗“胡”，任并州刺史，祖逖则率亲党数百家渡江，居于京口（今江苏镇江）。在东晋建国前，他就向司马睿请求北伐，被任为豫州刺史。建兴元年（313年），祖逖率部曲百家渡江，他在长江中击楫发誓：“祖逖不能清中原而复济者，有如大江。”当时中原郡县系统已崩溃，到处都是坞堡。祖逖采取灵活策略，招抚坞主，又屡破石勒兵，使“黄河以南尽为晋土”。当祖逖练兵积谷，为进军河北作准备时，晋元帝司马睿担心祖逖势力发展对他不利，任清谈家戴渊为征西将军，都督北方六州诸军事，节制祖逖。祖逖眼看北伐事业必将无成，忧愤成疾，死于军中。祖逖死后，东晋内部连续发生王敦之乱和苏峻、祖约（祖逖弟）之乱，朝廷忙于内争，无暇北顾，石勒趁机攻占了河南，晋军被迫退到淮南，祖逖北伐的成果也化为乌有。

◎祖狄北伐

◎西晋神兽镜

东晋

● 公元318年
晋王睿称皇帝，史称东晋。十月，刘曜称汉

● 公元319年
汉帝刘曜改国号曰赵，史称前赵。十一月，
石勒称赵王，史称后赵。

● 公元320年
晋北方藩镇皆平尽。

大事纪

公元318～公元386

● 公元318～320年

● 公元322～338年

● 公元322年
王敦反。闰十一月，晋元帝卒，皇太子绍嗣位。

● 公元330年
虞喜发现岁差。

● 公元338年
成李寿废李期自立，改国号曰汉。

● 公元347年
桓温入成都，李势降，汉亡。

● 公元350年
李闵（冉闵、石闵）杀石氏，自立为皇帝，国号魏。

● 公元351年
苻健自称天王、大单于，国号秦。

● 公元347～351年　● 公元371～376年

● 公元371年
桓温废晋帝为东海王，立丞相会稽王昱为帝。

● 公元376年
苻坚击凉州，前凉亡。

● 公元383年
淝水之战。

● 公元386年
代王拓跋珪改国号曰魏。

司马睿建立东晋

麟嘉三年（318年）七月，汉帝刘聪病逝，太子刘粲即位，改元汉昌。

刘聪被埋葬在宣光陵，谥号为“昭武皇帝”，庙号为“烈宗”。这时候，刘聪的皇后靳太后等都不到二十岁，正青春年少，而且又美艳绝伦。刘粲经常与她们私通，根本没有一丝哀戚之感。大司空靳准一向怀有篡权的野心，与他的两个女儿（刘聪、刘粲的皇后）唆使刘粲屠杀朝臣，太宰刘景、大司马刘骥、大将军刘逞等人都死于非命。

◎司马睿像

八月，刘粲又谋算着去讨伐石勒，就派刘曜镇守，军国政事全由靳准决定。后来靳准造反，将刘氏的男女老少全部在东市斩杀，掘毁了刘渊、刘聪的陵墓，烧毁了刘氏的宗庙。靳准自称为大将军、汉天王，又自行设置了百官。靳准还趁势将怀、愍二帝的灵柩奉还。刘曜、石勒听说靳准在平阳造反，赶紧率部回军讨逆。这年冬天十月，刘曜在赤壁（今山西河津西北）称帝，改元光初，封石勒加九锡，进爵赵公。靳准派人向石勒求和，石勒将来人送到刘曜那儿去了。十二月，左右车骑将军乔泰、王腾等杀掉了靳准，推举靳准的弟弟

◎宋摹本东晋顾恺之斫琴图卷。古琴为中国传统乐器，此图描绘古代文人学士制琴场景。画面共十四人，或斫板，或制弦，或试琴，或指挥。工作者与指挥者多坐于兽皮、席毯之上，风度文雅。除五侍者外，主要人物均长眉修目，面容方整，表情静穆。衣纹细劲，并用青、赭晕染衣袖领边等处。

靳明为主，派人向刘曜投降。此举激怒了石勒，马上与石虎联手进攻平阳，靳明率领一万五千人投奔刘曜，刘曜将靳氏男女全部杀死。石勒又焚毁了平阳宫室，派人修复了刘渊、刘聪的陵墓，收葬了刘粲等被害的百余口，随后返回襄国（今河北邢台）。

◎中国古代炼丹家葛洪(号抱朴子)

葛洪发展道教理论

东晋（318年）时，葛洪撰成《抱朴子·内篇》，这是道教宗教哲学和原始化学炼丹术的重要著作。它在道教史和炼丹史上都有重大影响。

葛洪（284年—364年），字稚川，自号抱朴子，丹阳句容（今江苏省句容县）人，是东晋著名的道教理论家、炼丹家和医药学家。他学识丰富，著作很多，但大多散佚。其中影响最大的当推《抱朴子》，含内篇20卷，外篇50卷。

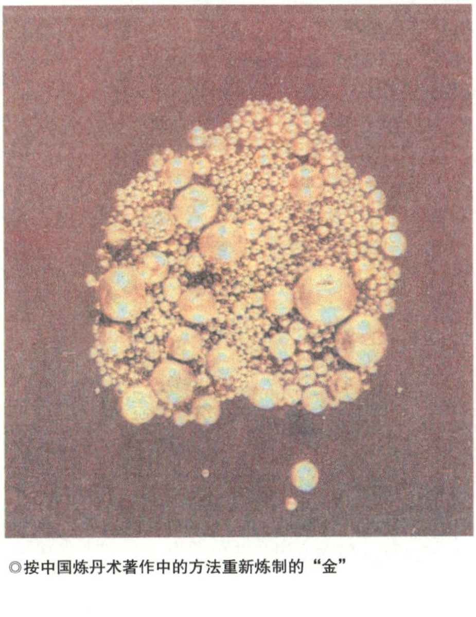
◎按中国炼丹术著作中的方法重新炼制的“金”

其中，《抱朴子·内篇》是反映他的道教神学理论的主要代表作。葛洪在书中提出了以“玄”、“道”、“一”为宇宙本体的理论，为长生不死的神仙道教制造理论根据。他认为“玄”是超自然的存在，是宇宙万物的总根源。它不可感知，不可捉摸，神通广大，且无所不在、无所不能。

葛洪还特别强调遵守封建伦理纲常对道教修炼的重要性，认为“欲求仙者，要当以忠孝和顺仁信为本。若道德不修而但务方术，皆不得长生也。”

《抱朴子·内篇》还总结了魏晋时期炼丹术的成果，收录了大量丹方、经方，其中最重要的是“金液”丹，且是很难破译释读的丹方之一。其主要的原理是使金的溶解度有所增加，然后再被有机物还原为胶态金，这与国外炼金术的“金液”类似。

“仙药”卷中提到用硝石、玄胴肠（猪大肠）和松脂炼雄黄，并且在实验中观察到若超过一定温度，便起火爆炸，这是原始火药的萌芽。

葛洪是汉魏以来道教理论的集大成者，他的《抱朴子·内篇》为神仙道教构造了一个比较完整的理论框架。它是向社会不同阶层公开布道的神仙道教典籍，并为道教在南北朝成熟准备了条件。

逸闻趣事

传国玺辗转还晋

传国玺，据称传自秦朝。玺上有八个字：“昊天之命，皇帝寿昌。”建兴四年（316年）十一月，刘聪灭西晋，得传国玺。太兴元年（318年）十一月，刘曜称帝，聪故将王腾、马忠送传国玺于刘曜。以后中原战乱，玺自洛阳宫禁落入石勒、石虎之手，虎在玺上刻“天命石氏”四字。石虎卒，冉闵自邺城得之。燕军攻邺，冉闵大将蒋干遣使求救于谢尚。谢尚遣戴施率百余壮士入邺助守。蒋干遂将玺送戴施。戴施遣何融携玺送于枋头。本月，谢尚自枋头迎传国玺至建康，百僚庆贺。自司马睿起，因无传国玺，中原诸国讥东晋诸帝为“白版天子”。至此，传国玺复归于晋。

◎东晋玄武画像砖。江苏省镇江市郊农牧场出土。玄武为“四灵”（朱雀、玄武、青龙、白虎）之一。“四灵”之神在汉代极为崇拜，为汉壁画中常见题材。而此墓出土有“四灵”画像砖多件，仅“玄武”就出土有六方。这表明“以四灵正四方”的传统宗教观念，时至东晋末年仍很流行。此砖一幅一像，形象集中突出，以单色涂成，古朴生动。在玄武旁有隶书两行。

石勒称帝，建立赵国

永嘉六年（312年）石勒领军攻占襄国、冀州等周围郡县，被汉王刘聪任命为“都督冀、幽、并、营四州诸军事”的“冀州牧”，又封为“上党公”。石勒开始以襄国为据地屯积粮草，招兵买马，图谋大业。建兴二年（314年），石勒在幽、冀诸州清点人口，征收租赋，但比西晋所征减轻一半。汉光初元年（318年），石勒协助刘曜攻灭靳准的叛乱，刘曜即皇帝位，石勒进爵为赵王，两人之间逐渐产生了隙怨。石勒的部将劝他另起炉灶，自称尊号。前赵光初二年（319年）十一月，石勒在部下的拥戴下即赵王位，依照当年刘备在蜀、曹操在邺的故事，凭借河内等二十四郡创建了赵国，历史上将其称为后赵，这一年就称为赵王元年。任命另一子石弘为骠骑大将军、都督中外诸军事、大单于，并封为秦王；任命石虎为太尉、尚书令，封为中山王。同年九月，石勒正式称皇帝，改元建平，以石弘为皇太子，其他文武大臣都封赏有差。

石勒继位后，下诏命令公卿以下官员每岁举选贤良方正，以广求人才。又继续实行九品官人制度。又在襄国设立太学、小学，选取将佐豪右子弟入学教育，在各郡国设置学官，每郡派博士祭酒一人，收弟子150人，授以儒学经典。从此后赵国力大增。全盛时期，其管辖境地南逾淮河，东濒大海，西至河西，北接燕、代。除辽东慕容氏、河西张氏外，北方地区尽属后赵，隔淮河与东晋对峙。

人物小辞典　石勒

石勒修建了社稷宗庙，营造东西二宫。又令法曹令史贯志收集旧律，编写《辛亥志》作为赵国法律，设置了经学祭酒、律学祭酒、文学祭酒；还设立门臣祭酒专门负责胡人的诉讼，门生主书主管胡人的金钱出纳；还严厉禁止胡人凌辱汉族人。后赵把胡人作为国民，朝廷集会使用天子的礼乐、衣冠、仪物。任命张宾为大执法，总揽朝廷的行政事务，统领百官；石虎为单于元辅，主管军事事务，后来又赐爵为中山公。

石勒建立赵国之后，执法很严格，因为他自己是羯胡之人，所以对于“胡”字避讳很严。据说有一次有一个胡人喝醉了酒骑马闯到东门，当时宫殿已经修好，禁止随便闯门。石勒听到这事非常生气，严厉地责问守门的小官冯翥，冯翥战战兢兢地忘了避讳，对石勒说：“有一个喝醉了的胡人，骑马冲了进来，我们呵斥驱赶他，却和他无法沟通。”石勒听了，笑着说：“胡人本来就难以沟通。”马上宽恕了他。石勒命令张宾掌管选举法，下令公卿及各州郡每年举荐秀才、至孝、廉清、贤良、直勇的人各一名。到此，后赵立国，粗有纲纪。

石虎摄政

石虎，名季龙，石勒之侄。石勒称天王，立弘为太子，封弘弟石宏为大单于，任命石虎为太尉、守尚书令、中山王。性残嗜杀，骁勇善战，助勒建赵，功勋卓越。

建平三年（332年）四月，右仆射程遐见石虎父子势力强大，难以防范，便劝石勒除掉石虎。石勒不答应。建平四年（333年）六月，石勒病危。中山王石虎入宫侍奉赵帝，假传石勒诏令，不准群臣入宫见驾，又遣使召石勒子石宏、石堪回襄国。七月，石勒病情加重，留下遗言说，“大雅（即太子弘）兄弟，应当相互友爱，相互照顾，司马氏就是你们的前车之鉴（指西晋“八王之乱”）。中山王应当好好学习周、霍，不要被后来人耻笑”。

石勒死后，石虎不听赵帝遗命，挟持太子石弘即皇帝位，执杀程遐、徐光等忠直大臣，命令其子石邃率兵入宫警卫，满朝文武竞相奔散。八月，石虎强迫石弘封自己为丞相、魏王、大单于，加九锡，总摄朝廷大权。

延熙元年（334年）十月，石弘不甘心为石虎傀儡，迫于石虎威势，便自动请求让位给石虎。石虎说：“石弘愚昧昏庸，应当废掉他，怎么能禅让呢！”十一月，石虎派郭殷入宫，废石弘为海阳王。群臣劝石虎即皇帝位，石虎说：“皇帝，是功德盛大的称号，不是我能担当的。”于是自称居摄赵天王。不久，又将石弘及太后程氏、石宏、石恢杀死。任命夔安为侍中、太尉、守尚书令，郭殷为司空。次年正月，改元建武。九月，迁都至邺。建武三年（337年）正月，石虎称大赵天王，立石邃为天王皇太子。建武十五年正月（349年），石虎即皇帝位，改元太宁。

小人物辞典

名将陶侃

咸和九年（334年），晋代名将陶侃卒于返乡途中。

陶侃，字士行，庐江浔阳（今江西九江）人，杰出的军事将领，曾先后受命参加讨平杜骏、王敦、苏峻以及祖约之乱，担任过荆州、广州、江州等地刺史。尤其在平定苏骏、祖约之乱时，陶侃功劳最为显著，封作长沙郡公，深受晋王朝器重。陶侃晚年自虑满盈必溢，功高盖主必致祸，便不参与朝政，几次想告老归长沙国。咸和九年陶侃病重，上表辞位得到同意。返回长沙途中，在樊溪（今湖北武昌西）病故，享年七十五岁（一说七十六岁）。

陶侃从军四十一年，屡建奇功，为平定中原立下汗马功劳。陶侃为人雄毅有权略，明悟善断，又谨守吏职，没有人能蒙骗他，深得上下人心。尚书梅陶非常推崇他，说他“机神明鉴似魏武，忠顺勤劳似孔明”。陶侃死后，成帝特下诏褒扬他的功绩。

文化小辞典

《搜神记》

东晋年间，史学家干宝根据历代神话传说，编撰了中国第一部志怪小说集《搜神记》。

干宝（？—336年），字令升，新蔡（今属河南）人，东晋初著名史学家，曾以著郎领国史，著《晋纪》，记西晋一代史事，今佚，仅存片断。《晋书·干宝传》说他有感于生死之事，"遂撰集古今神祇灵异人物变化，名为《搜神记》"。据《晋书·干宝传》所记，此书原为30卷，传至宋代已经散佚。今存20卷本，可能为明代胡元瑞等人重辑。另外，也叫做《搜神记》的，还有两本。一是商浚《稗海》8卷本的《搜神记》，一是句道兴残本《搜神记》。8卷本亦传为东晋干宝撰，有人认为是赵宋以后人据北魏县永《搜神论》残卷增补而成的。《搜神记》所记多为神怪灵异，但也保存了不少民间传说。如《韩凭夫妇》、《李寄》、《干将莫邪》等篇。

本书篇幅较大，所收内容多有价值，在六朝志怪小说中占有重要地位，被当时人刘惔称为"鬼之董狐"。

马铠传入中国

西汉初年，在伊朗的影响下，中国的铁铠开始在大型甲片的札甲之外，使用中、小型甲片连缀的鱼鳞甲，使军事装备有所增强。东汉末年，袁绍和曹操在官渡大战，双方的军队中都装备有少量马铠，是马铠在中国战场上的初次使用。到四世纪的北方战场上，使用的铠马常多达几万匹。并由中国的发展改进深刻影响了朝鲜半岛和日本的军事装备发展过程。

336年，前燕慕容仁的司马冬寿，在与慕容皝的战争中失败，逃亡到朝鲜半岛，将人马都披铠甲的重装骑兵——甲骑具装传到这里。357年，冬寿死于高句丽，墓葬的壁画上饰有晋代传统的甲骑具装图像。骑士披小型长方形甲片编缀的挂甲，马铠的马面帘额部有三瓣花饰，并有护颊的圆形护板，是中原地区早期所具的形态。

五世纪中叶，中国境内无论北朝还是南朝，马铠在战争中都普遍使用，而且马铠的形制已由早期的斜倾额上的三瓣花饰和采用护颊的圆板变

◎东晋青瓷褐斑鸡首壶

成整套在马头上的面帘，并改用向上竖立装缨的插管。

重甲骑兵出现

魏晋南北朝时期，群雄争立，战事频繁。北方游牧民族对中原文化的冲击，和对峙的南北政权之间的战争的需要，以及兵器制作技术的进步，促成了军队兵种构成的变化和武器装备的发展。重甲骑兵的出现并迅速成为陆军主战兵种就是这种变化和发展的主要体现。

他们进入中原后，利用汉族世族已存的优良装备，配以自己的骑兵武装，于是组成了一个令人生畏的重甲骑兵，就是人、马都披甲的骑兵，又称“甲骑”或“铁骑”。其特征是骑手披甲戴胄，战马挂护铠甲。其装备可分作四类，即马具、马铠、骑士铠甲和格斗兵器。马具是骑兵在战马上保持平衡、稳定的坐具。东汉时期已出现了制作精致的马鞍，魏晋南北朝时期则创制了马镫，到十六国时期，马镫已普遍运用。马镫与马鞍的配套使用，使骑兵与战马能很好地结合在一起，战斗中更加行动自如。马铠是专为战马披裹的铠甲，又称作“具装铠”。骑兵的格斗兵器，在三国时期仍与汉代一样多用戟。到南北朝时，尽管戟有所改进，但仍逐渐为长体双刃的马矟所替。而另一种骑兵主要格斗兵器则是长刀，当时的刀据载达七尺长，多为柄首带扁圆大环的直体刀。

◎南北朝时期重甲骑马俑

◎明月旦堂《仙佛奇踪》佛图澄像

重甲骑兵虽然颇具威力，但也

有不可克服的弱点。一是由于人、马负荷过重，骑兵特有的快速机动、灵活使用的特点难以得到发挥；二是臃肿、笨拙的阵形，对地形条件要求很高，也限制了它的作战效力的发挥。因而随着时代的发展，重甲骑兵逐步消亡，至唐代已为轻装骑兵所代替。

逸闻趣事

郭璞游仙

太宁二年（324年）六月，晋文学家、训诂学家郭璞被王敦杀害，终年四十九岁。

郭璞（276年—324年），河东闻喜人，字景纯，喜好经术，博学洽闻，才华横溢而讷于言辞，擅长词赋，为当世之冠。喜好故奇字又妙于阴阳历算，曾跟从郭公学习卜筮术，精通五行天文卜筮之术。晋代以后坟墓要择吉地而建，相传相墓术就起于郭璞。

西晋末年，中原大乱，郭璞避走江南。最初被任命为宣城太守殷佑参军，之后投入大臣王导门下，被引荐于晋元帝司马睿，官拜著作佐郎，升调尚书郎。晋明帝司马绍以太子居东宫时，郭璞曾以才学受到重视。然而郭璞为人随便，不修威仪，嗜酒好色，还自以为才高位卑，有怀才不遇之感，作《客傲》以示不满。后王敦任命郭璞为记室参军。太宁二年六月，明帝下诏进讨王敦。王敦准备再次举兵反晋，令郭璞卜筮。郭璞见卦象凶险，谏阻王敦起兵，被王敦杀害。王敦乱平后，明帝追赠为弘农太守。

石虎死，后赵大乱

后赵太宁元年（349年）四月，石虎病死，后赵内部争权夺利，自相残杀，后赵大乱。

石虎病亡后太子石世继位，尊刘氏为皇太后，临朝称制，并以石遵、石鉴为左右丞相。石遵自李城举兵反叛进兵邺城，杀张豺，废石世，即皇帝位。不久，又杀石世及其母刘太后。

由于石遵杀石世自立，事先曾许诺以石闵为太子，而事后却立石衍，石闵怨恨。石遵心腹也劝石遵防石闵有异心。石遵于是召石鉴、石苞、石琨、石昭等人策划消灭石闵。而石鉴却暗中派人告诉石闵，石闵于是在四月十一日派苏彦、周成率军将石遵、郑太后等在邺城琨华殿斩杀。随后拥立石鉴即位。而石鉴虽对石闵优礼有加，却又暗中计划除掉石闵。当时石虎另一子石祗及石成、石户等见石闵专权，心中不满，纷纷起兵。石闵也针锋相对，先击杀孙伏都、刘铢等羯军，控制石鉴，后下令胡羯等六夷如果以武力对抗，立斩不赦。石闵知道胡人不可能为自己所用，于是放赵国境内汉人进城，并下令汉人杀胡羯一人，文官进位三等，武官拜牙门。因此，汉人大杀胡羯，不论贵贱等级、男女老少，一时间被杀的胡羯

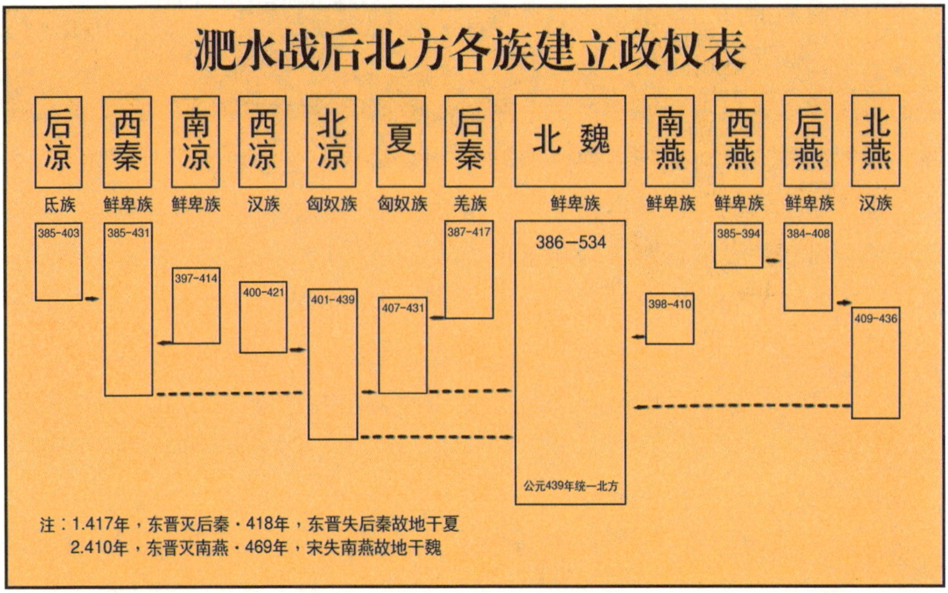

◎淝水战后北方各族建立政权表

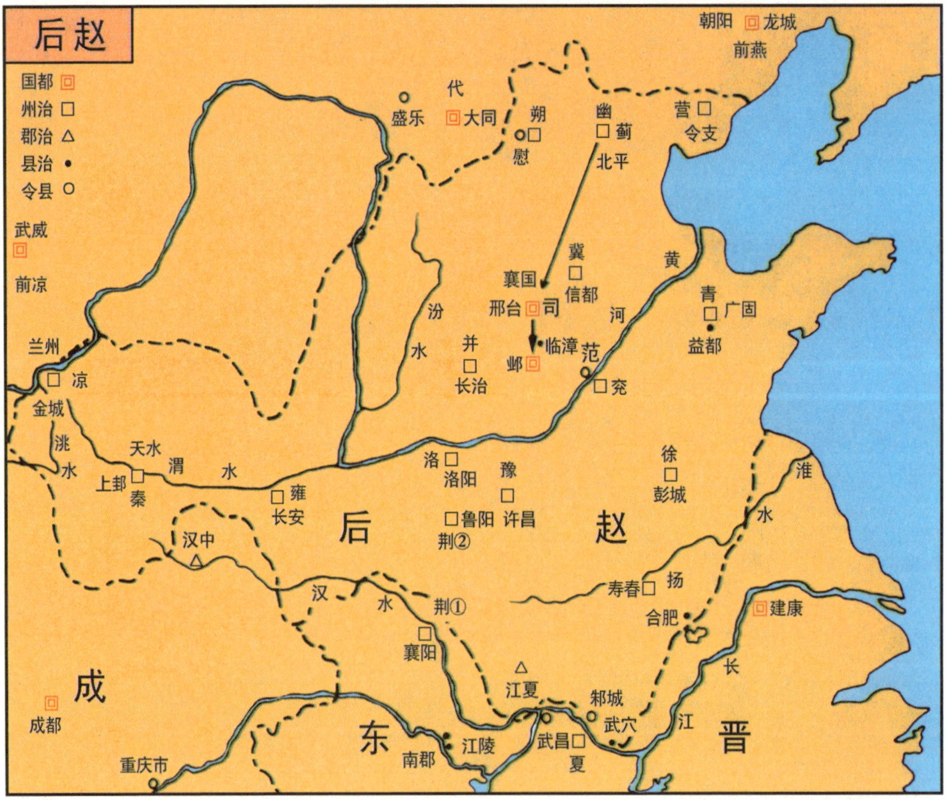

◎后赵疆域图

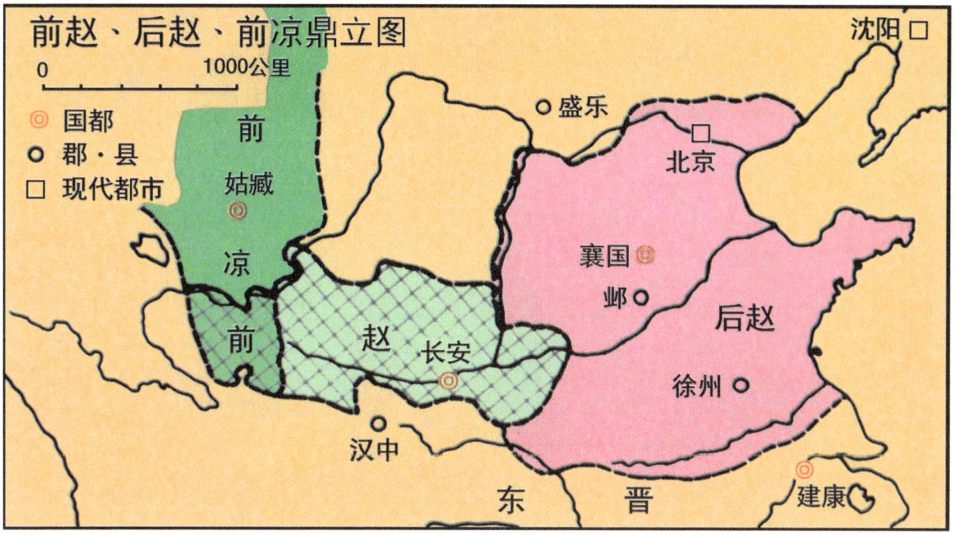

◎前赵、后赵、前凉局势图

◎两赵作战图

人多达20余万。石闵大杀胡羯后，于太宁二年（350年）正月将后赵国号改为“卫”，更姓李，改元青龙，从而导致国内大乱。文臣武将一致反对，赵庶、张举、张春等公卿将校逃往襄国（今河北邢台西南），石琨、张沈、张贺度以及姚弋仲、苻洪等也各据一方，与李闵对抗。不久，石琨、张举、王朗等率军向邺城攻击，赵帝石鉴也想乘机里应外合，但被李闵抓获。闰正月，李闵杀石鉴，并杀石虎28孙，铲灭石氏家族。李闵于是自立为皇帝，改元永兴，国号大魏，史称“冉魏”。三月，李闵又改姓冉，尊其母王氏为皇太后，立妻董氏为皇后，冉智为皇太子，其余诸子都进爵为王。冉闵篡赵建魏，引起石祗的激烈反对。冉闵杀石遵时，石祗与姚弋仲、苻洪等联兵声讨。等到冉闵

称帝，石祗也于次年三月在襄国即帝位，并改元永宁。四月派石琨率兵10万进攻冉魏，六月被冉魏将军王泰击败。十一月，冉闵又率步骑10万进攻赵国都城襄国。永兴二年（351年）二月，石祗被迫除去皇帝之号，称赵王，并向前燕和姚弋仲求援。冉闵腹背受敌，败逃回邺城。三月，石祗派刘显率兵7万攻打邺城，冉闵背水决战，大获全胜，刘显投降。冉魏得以保全。

桓温伐蜀

成汉嘉宁元年（346年）十一月，东晋荆州牧桓温率益州刺史周抚等西征成汉，次年三月，成汉败亡。桓温，谯国龙亢（今安徽怀远西北龙亢集）人，被授予驸马都尉之职。

永和元年（345年），他继庾翼之后担任都督荆梁四州诸军事、荆州刺史等职。桓温具有雄才伟略，志在西取成汉，北伐中原。

晋永和三年十一月，桓温乘成汉内乱之际，率益州刺史周抚、南郡太守谯王无忌讨伐成汉李势，并以袁乔为前锋。次年（347年）二月，桓温大军到达青衣（今四川青神）。汉主李势派其叔父李福、堂兄李权、将军昝坚等迎击晋兵。三月，桓温采纳袁乔的建议，避开对方主力，亲自率领大军直逼成都，与汉将李权三战三捷，接着又大破李势之众，乘胜长驱直入成都。李势见大势已去，趁夜出逃，随后又派人向桓温投降。桓温将李势及宗室10余人押送至建康，晋封李势为归义侯。升平五年（361年），李势死于建康，成汉亡，立国共计47年。

成汉虽亡，但蜀乱不止。永和三年（347年）三月，李势被押送建康后，原成汉尚书王誓等举兵造反。叛乱平定后，桓温收兵退回江陵。汉将中邓定、隗文等乘机入驻成都，立范长生之子范贲为帝，以图重振旗鼓。十二月，晋振威护军萧敬文乘机攻陷涪城杀征虏将军杨谦，自称益州牧，与晋脱离关系，不久又进驻巴西（今四川阆中）。永和八年（352年）八月，桓温派司马勋协助周抚，攻占涪城，杀萧敬文，叛乱至此结束，蜀地逐渐出现了安定的局面。

苻健建前秦

前秦元年（351年）正月，苻健在长安即天王、大单于位，建国大秦，史称前秦。

氐族苻氏，世代居住在略阳临渭（今甘肃秦安东南），为部落小头目。永嘉年间，天下大乱，苻氏同宗结为部落集团，推举苻健之父苻洪为盟主。不久苻洪归附刘曜。咸和四年（329年）九月，石虎攻占邽城，苻洪投降。八年十月，石虎采纳苻洪建议，将秦雍百姓及氐羌部落10余万户迁移关东，并任命苻洪为流民都督，居住枋头（今河南浚县西南）。永和五年（349年）四月，石虎去世，石遵杀石世自立为王。后石遵担心苻洪乘机侵占关中，于是罢免苻洪都督职，苻洪为此大怒，返回枋头后遣使向晋廷投降。同年末，冉闵在邺城大杀胡羯族，并将世代居住在河北的关陇流民向西迁移，途中路经枋头，共推苻洪为首领，聚众10余万人。六年正月，苻洪自称大都督、三秦王，但不久便被赵将麻秋毒死，死前嘱咐世子苻健占据关中，巩固地盘。于是苻健杀麻秋自立，并派遣使者赴晋告丧请命。

◎晋青绿釉六系覆莲罐。有流釉现象，造型简朴优美。

同年八月，赵将王朗、司马杜洪趁势占据长安，自称晋征北将军、雍州刺史，当地夷夏人纷纷响应。苻健也自称晋征西大将军、都督关中诸军事、雍州刺史，与弟苻雄、侄苻菁率军向长安进击，杜洪部众及羌、氐部落首领见状纷纷向苻健投降。十月，苻健大军长驱直入，进入长安。后因长安民心思晋，苻健于是派人到建康向晋廷报捷，并与晋将桓温修好，从而赢得大批胡汉百姓拥戴。第二年正月，苻健在长安即天王位，称大单于，建国号大秦，建元皇始，史称“前秦”。追尊其父苻洪为武惠皇帝，庙号太祖，并立妻强氏为天王后，子苻苌为太子。

文化小辞典

王珣《伯远帖》

王珣的书法笔致清秀，潇洒古澹，传世墨迹有《伯远帖》，此帖纸本行书，纵25.1厘米，宽17.2厘米。书法特色、时代风格尤为突出，它凝结了王徇一生对书法艺术追求的主要成就。

王珣（350年—401年），东晋书法家，王导之孙，王羲之从侄。王氏三世以能书见称于世，家学渊源，以词翰为当时宗师。王珣不但文词书法称绝，而且品德高尚。

《伯远帖》是王珣的一封书函，该帖用笔削劲挺拔，锋棱毕现，结构疏而宽，个别处相当严密。后人“宽可跑马，密不通风”之说，于此可找到具体例证。书势微向左倾斜，为的是取得险峻端庄的艺术效果，是他独具的特色。竖画顺笔下垂，无往不收，转折处信笔出之，有方有圆。结构在扁长之间，个别字如“胜、实、获、群”等，在王羲之父子帖中可以找到他们的共同之点。

原帖曾刻入《淳化阁帖》，后代累有翻刻，《三希堂帖》凭原作勾勒上石，仅得原作形式，至于运笔之转折顿挫，墨色之深浅灵活，再精的刻本都无法反映出来。

王珣《伯远帖》今仅存一卷海内孤本，被列入“三希”之一，竟成为“三希”中唯一的晋人真迹。

桓温废立晋帝独揽大权

东晋太和六年（371年）十一月，大司马桓温废晋帝司马奕为东海王，改立丞相、会稽王司马昱为帝，是为简文帝，独掌朝政。

东晋大司马桓温自以为才干威望盖世，无人能及，常慨叹：“男子汉不能流芳百世，亦当遗臭万年。”他三次北伐，欲建功业以提高政治威望，然而第三次北伐枋头大败，使其声望大跌，被迫还镇姑孰（今安徽当涂）。为雪耻恨，恢复昔日名望，桓温又出兵寿春（今安徽寿县）挫败晋

◎晋持盾俑

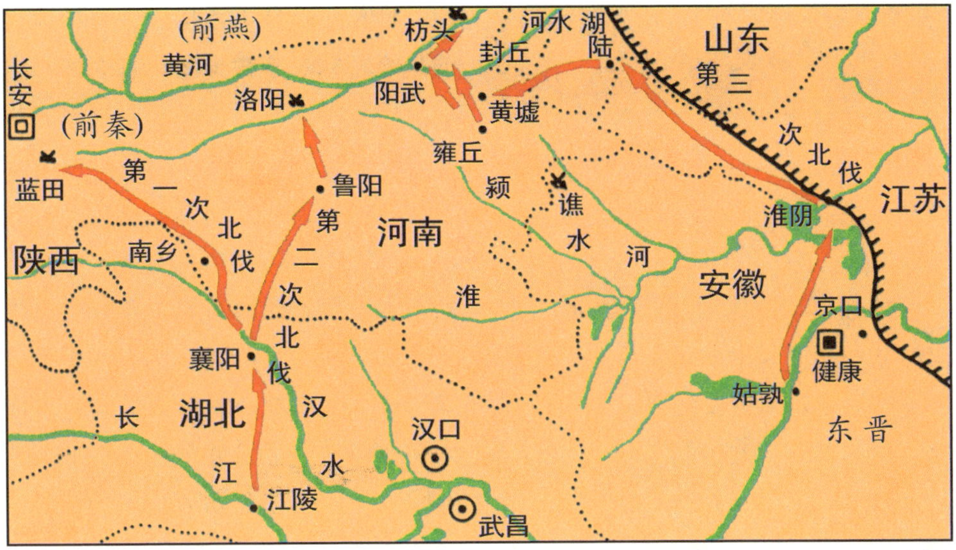

◎桓温北伐图

叛将袁瑾。但参军郗超以为要重立威权，镇服四海，只有仿效伊尹放太甲、霍光废昌邑王事才能建功立业，桓温于是与郗超密谋废帝之事。遂大造舆论说司马奕有暗疾，还说晋帝的三个儿子是嬖人相龙、计好、朱灵宝与美人田氏、王氏所生，如不废之，将混乱司马氏血统。太和六年（371年）十一月十三日，桓温拜见褚太后，请求废掉晋帝另立丞相会稽王司马昱为帝，并呈上事先准备好的废立文告。

太后过目数行说："我亦怀疑皇帝生三男之事。"于是同意废立。十五日，桓温召集文武百官宣布了太后的命令，废晋帝为东海王，立会稽王、丞相司马昱为新帝，并改元咸安。十二月，桓温再贬东海王为海西（今江苏连云港南）县公。

桓温改立新帝后，继而将矛头转向一些与其不合的皇族及朝臣。桓温一向忌恨武陵王司马晞，曾上奏简文帝要求免去其太宰之职；同时，广州刺史庾蕴也与桓温有宿怨。另外殷浩去世时，桓温曾派人前往吊唁，但殷浩的儿子殷涓却不给桓温复信，更没有去拜望桓温，且与武陵王司马晞交往。

咸安二年（372年）六月，简文帝去世。桓温原本指望简文帝司马昱禅位于他，或居摄朝政，但二者均未如其愿。桓温于是拒绝入朝，直至宁康元年（373年）二月才到建康朝见孝武帝，并带兵入朝。一时建康人心慌乱。由于侍中王坦之、吏部尚书谢安应付自如，桓温才没有发难。晋朝得以安宁。

三月，桓温退回姑孰。七月，桓温在姑孰病死，终年61岁。

楷书发展成熟

魏晋南北朝时期，楷书逐渐衍变成熟，成为一种独立的书体，直接启隋唐正楷。

早在汉代，楷书已见雏形，西汉时某些隶书和楷书很难区分，《宣和书谱》说："西汉之末，隶字石刻间杂为正书。"到东汉隶书的波挑的体势不断加工，正式发展成为一代书体。但因隶书程式化带来的书写不便，楷化在书体上逐步成为一种强烈的趋势。东汉建初年间，王次仲"始以隶字作楷法"，熹平元年朱书解殃瓶题字，熹平二年瓦罐题字，都可见隶楷的递变轨迹。

三国吴凤凰元年（272年），立于湖南耒阳杜公祠的《吴九真太守谷朗碑》（简称《谷朗碑》），字体结构虽仍有隶书痕迹，但笔法已初步具备了楷书的特点，也可以说是最早的楷书碑刻。

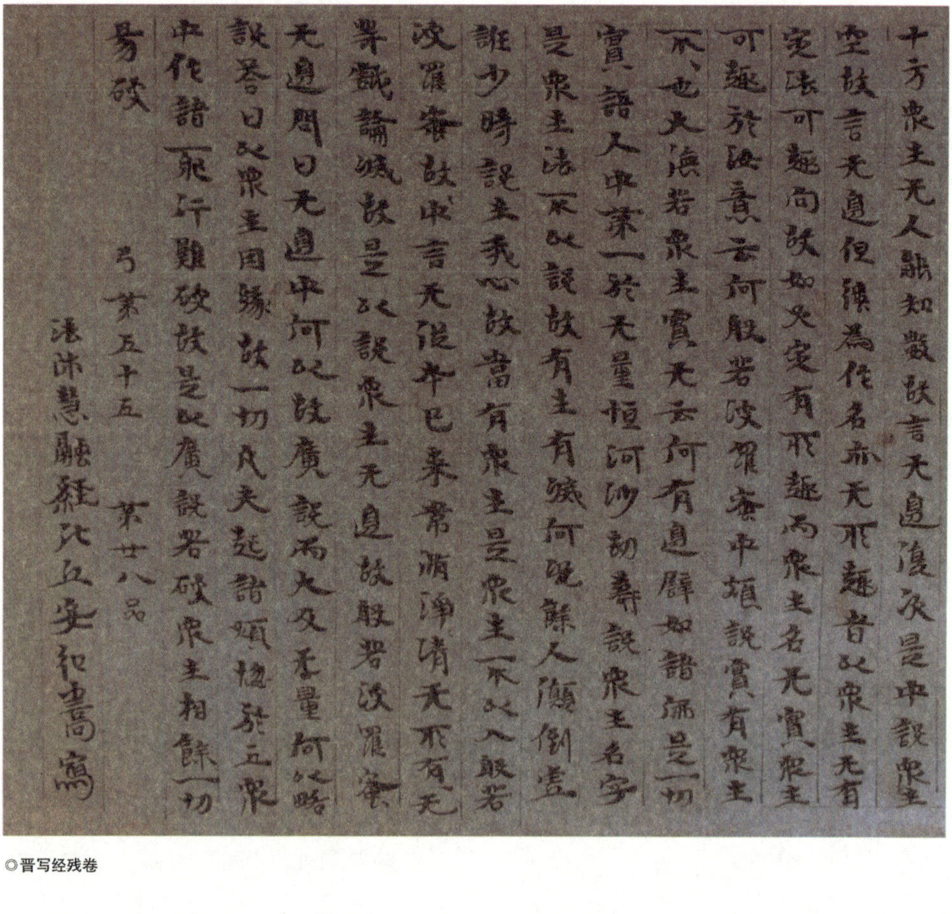

◎晋写经残卷

文化小辞典 钟繇楷书

魏初钟繇（151年—230年）工书，兼善各体，尤精楷书。历代评论他的楷书纯朴古雅，刚柔备至，“无晋唐插花美女之态”，“秦汉以来，一人而已”。近人认为钟繇创秦汉以来所未有的楷法，可谓楷体之祖，对汉字的定型有很大贡献。《宣示表》是钟繇楷书的代表作，字形扁方，笔法厚重古朴，结字茂密，若飞鸿戏海、舞鹤游天，《宣和书谱》称“备尽法度，为正书之祖”。唐人孙过庭《书谱》将他与东汉书家张芝并称。阮元在《南北书派论》中认为，南、北书体两派都以钟繇为师，可见他在中国书法由隶变楷过程中的重要地位。

晋代书法在钟繇的楷体影响下，所存碑刻书体都明显体现出楷书从隶体中分离的趋向。传世的《广武将军碑》书以方格为栏，字方正有稚气，带有楷书体势；《好太王碑》字行间竖刻界格，字体端庄纯厚，处于隶楷之间；《爨宝子碑》朴厚古茂，书法正楷，“可以考见变体源流”。这三处碑刻最能反映由隶变楷的轨迹。

人物小辞典 “书圣”王羲之

东晋王羲之（203年—361年），被书家誉为“书圣”。他年少时跟从卫夫人学书，卫夫人最善钟繇笔法，后来羲之又精研其叔父王导珍藏的钟繇楷书杰作《宣示表》，使楷书形成新的体势，完成了由篆到楷的转变。《乐毅论》是羲之的楷书代表作，它的用笔结体与钟繇的《宣示表》差别很大，钟繇“楷法去古未远”，还有浓厚的隶味，王氏则已完全从隶体中脱略出来，楷味十足。《乐毅论》曾是他的第七子王献之学书的范本，但献之的楷书“穷微入圣，筋骨紧密”，不仅完全摆脱了汉魏波磔的隶法，而且在钟繇、羲之的基础上更有创新，改横势书体成纵势书体，最终完成了今楷书体的衍变。《洛神赋十三行》就是这种新体的杰出体现。

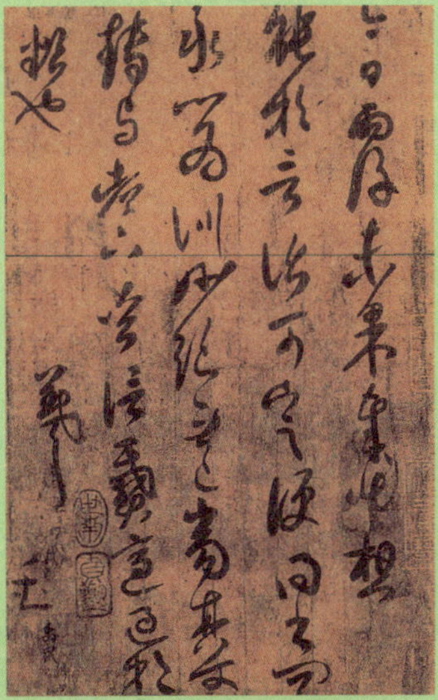

◎兰亭序帖卷(局部)。东晋王羲之书，纸本，行书。王羲之的真迹，相传已葬入唐太宗李世民昭陵，但唐代多有摹本，尤以冯承素“神龙本”(因帖上有神龙半印得名)最精。

敦煌石窟工程开始

东晋永和九年（353年），敦煌石窟中的莫高窟工程开始营造。敦煌石窟由莫高窟、西千佛洞、榆林窟和水峡口小千佛洞四库组成，规模巨大。其中莫高窟最为著名，工程亦最大，艺术成就最高，其他几处均为其分支。莫高窟又名“千佛洞”，位于甘肃敦煌东南25公里处，在大沙山与三危山之间的大泉沟西岸玉门砾岩绵延3里多长的崖壁上。东晋开凿后，经北魏、西魏、隋、唐、五代、宋、元历代增修，现存洞窟550余座。

莫高窟由上至下，分层开凿，最多可达5层。因所在崖壁石质松脆，不宜雕刻，所以石窟内的艺术精品多为大型壁画和塑像。现在洞窟中469窟存有精美、细致的壁画和塑像，保存了历代塑像两千数百身，壁画5万多平方米。壁画上画着关于佛教的神话故事，内容丰富多彩。所画形象逼真，生动活泼，栩栩如生。

敦煌石窟是中国三大石窟艺术中心之一，也是世界闻名的石窟艺术中心，是中国古代劳动人民智慧的结晶，具有极高的艺术价值。同时，亦为研究中国古代的宗教、艺术、历史、文化、社会提供了极其宝贵的资料。

◎敦煌莫高窟。俗称千佛洞，位于甘肃敦煌县城东南25公里处。洞窟上下五层，高低错落，鳞次栉比，南北长1600多米。

◎北魏时期敦煌二五九窟内景

◎敦煌壁画：九色虎本生局部·国王与九色鹿

◎窟北壁有西魏大统四年(538年—539年)的墨书题记，是莫高窟早期唯一有确凿纪年的洞窟，对于进一步探讨莫高窟艺术有重大意义。

◎敦煌莫高窟壁画

前秦统一北方

前秦建元十二年（376年），前秦攻灭前凉、代国，并进占东晋梁、益二州，前秦遂统一北方。

前秦建元六年（370年），前秦攻占邺城，灭前燕，除掉了北方最大的强敌。建元九年（373年）冬，前秦派王统、朱彤率军2万由汉川出击，毛当、徐成率军3万由剑门出击，进攻东晋。十一月，他们分别攻克汉中、成都等地，占取东晋梁、益二州。邛、筰、夜郎等都向前秦称臣。

建元十二年（376年）七月，前秦主苻坚派武卫将军苟苌、左将军毛盛、中书令梁熙、步兵校尉姚苌等率步兵骑兵13万，向西攻击，征讨前凉。8月，前秦兵至前凉境内，前凉骁烈将军梁济投降。于是，苻坚派出使者赴前凉命令前凉主张天锡到长安，张天锡大怒，杀前秦使者，并亲自领兵5万集结金昌（今甘肃古浪）准备抵

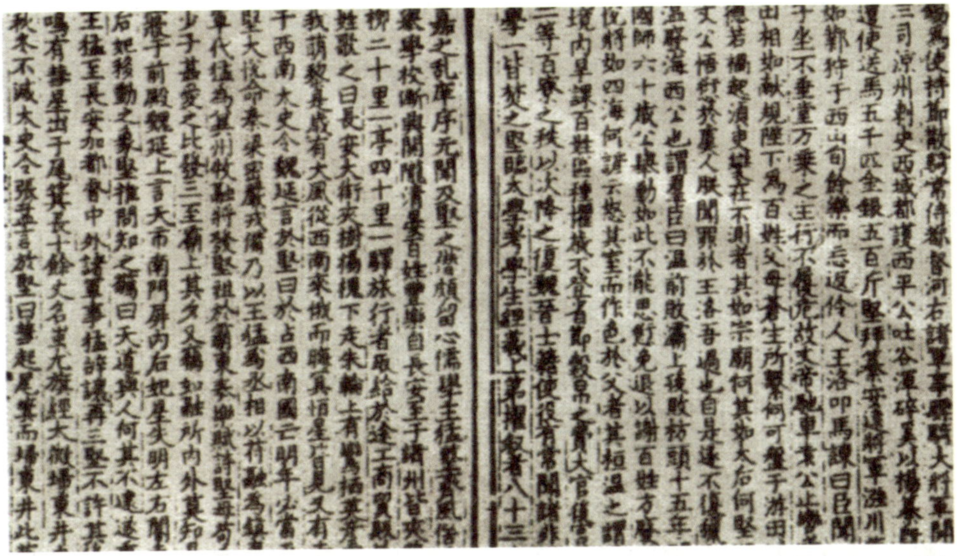

◎百衲本《晋书·苻坚载记》

御前秦进犯。秦姚苌率士兵3000人为前驱发起攻击，前凉将马建率万余人迎降。于是前秦军全线出击，大败前凉常据，常据也兵败自杀。前秦军乘胜追击，与前凉将赵充哲在赤岸（今甘肃武威南）一带激战，斩杀前凉士卒3.8万人，充哲战死，前秦大军进兵至姑臧城（今甘肃武威）。张天锡见此担惊受怕，亲自出城督战。由于城内前凉兵反叛，遂率数千骑仓皇退守姑臧城。前秦兵乘势追至城下，张天锡被迫率众投降。至此，前凉灭亡。

前凉共传9主，历时75年。苻坚封张天锡为归义侯，任命其为北部尚书，并将其手下豪强7000余户迁到关中。不久，苻坚又任命梁熙为凉州刺史，管理地方事务。由于梁熙治理有方，凉州局势得以安宁。

前秦灭前凉后，立即着手攻击代国。在此之前的前秦建元十年（374年），匈奴铁弗部首领刘卫辰为代王什翼犍所迫，逃至前秦，向秦王苻坚寻求救助。苻坚随即任命幽州刺史、行唐公苻洛为北讨大都督，率领幽州、冀州兵10万北上讨伐代国；同时命令并州刺史俱难、镇军将军邓羌等率步骑兵20万，分东、西两路向北出击，与苻洛会师，并以刘卫辰为向导。建元十二年（代建国三十九年，376年）十一月，代王什翼犍让鲜卑白部、独孤部抵御前秦兵，但均遭失败。于是又让南部大人刘库仁率10万骑兵迎战前秦兵，也大败而归。当时正值代王什翼犍生病，不能亲自率兵应战，只得率部逃往阴山以北。不久，代国部落离散，代王又因高车部落反叛，不得已又退回漠南。十二月，代王什翼犍回到云中（今山西原平西南），因王位继承问题，代王室发生内讧，庶长子寔君杀什翼犍及诸弟。前秦军乘机发动进攻，杀寔君。什翼犍孙拓跋珪与母亲贺氏投奔贺兰部酋长贺野干之子贺讷。至此代国灭亡。代自建国到为前秦灭亡，历时60年，共7代。代灭亡后，苻坚召代国长史燕凤，探讨代国内讧的原因，并采纳了燕凤建议，于建元十二年（373年）十二月下令，以黄河为界，将代国版图一分为二，分为东、西两部，东部属南部首领刘库仁，西部属铁弗部首领刘卫辰，并给他们封官进爵，让他们管理原代国百姓。

至此，前秦基本上统一了北方，地广兵强，与南方的东晋以淮水为界，隔河相对。

秦晋争夺中原

建元十二年（376年）末，前秦苻坚消灭前凉、代国，统一了北方，与东晋相峙于淮河。十四年（378年）二月，前秦军进攻东晋，与东晋展开了一场争夺中原的战争。

建元十四年（378年）二月，苻坚派征南大将军、长乐公苻丕等率步骑兵7万进攻东晋重镇襄阳（今湖北襄樊）。当时据守上明的东晋荆州刺史桓冲也拥兵7万，但因他惧怕前秦兵强盛，竟不派兵救援。固守襄阳城的东晋梁州刺史朱序率军与前秦军展开拉锯战。建元十五年（379年）二月，襄阳都督李伯护叛晋，暗中派遣其子与前秦军相约，并为内应，苻丕得以攻克襄阳。

建元十四年（378年）七月，苻坚命前秦兖州刺史彭超为都督东讨诸军事。八月，彭超围攻彭城（今江苏徐州）。建元十五年（379年）二月，东晋兖州刺史谢玄率万余人救援彭城，进兵泗口（今江苏铜江西南）。经过数次交锋，彭城终于为前秦军占领。与此同时，苻坚又派后军将军俱难、洛州刺史邵保率步骑兵数万攻下东晋淮阴（今属江苏）、盱眙（今属江苏）等城。建元十五年（379年）五月，彭超、俱难又集中步骑兵6万，将东晋幽州刺史田洛包围在三阿（今江苏宝应）。东晋派谢玄自广陵出兵救三阿。五月二十五日，俱难等战败，退守盱眙，三阿之围也因此而解除。六月七日，谢玄与田洛率兵5万进攻盱眙，再次击败前秦军，接连攻克盱眙、淮阴。在战斗中，前秦将邵保战死，俱难等退兵淮北。谢玄和田洛乘胜追击，收复君川（今江苏盱眙北）。至此，秦晋在淮河流域的战事，胶着在徐州以南、淮水以北一带。

建元十四年（378年）八月，前秦梁州刺史韦钟在西城（今陕西平利西）包围东晋魏兴（今陕西平利）太守吉挹。建元十五年（379年）三月，为救援吉挹守军，东晋右将军毛虎生率兵3万进攻巴中（今属四川）。前锋都护赵福等进至巴西（今四川阆中），被前秦将张绍击败。毛虎生退守巴东（今四川奉节东）。当时蜀人李乌聚众2万围攻成都，响应毛虎生。苻坚于是派遣破虏将军吕光讨伐李乌。四月，前秦将韦钟攻克魏兴。

秦、晋大战中原，前秦军屡战屡胜，虎视东晋江山，引起东晋朝野震动。

秦晋淝水大战

东晋太元八年（383年）十一月，前秦、东晋会战于淝水，前秦大败。

前秦建元十二年（376年）底，前秦灭代，基本上统一了北方，与东晋相峙于淮水一线，并准备征伐东晋。建元十八年（382年）十月，苻坚召集群臣商议，要亲率大军南下，讨伐东晋。群臣有的表示赞同，有的则持相反的意见。其弟苻融也表示反对，认为前秦连年作战，将士已疲惫不堪，且国人又不愿与晋结怨，这样出征，利少弊多。太子苻宏、沙门道安、宠

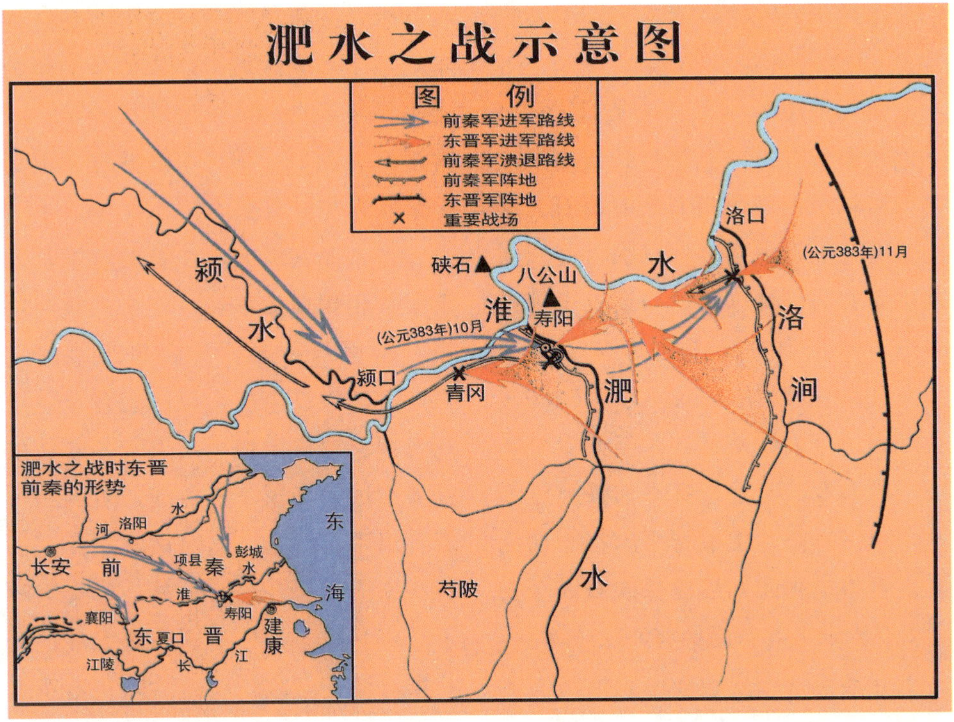

◎淝水之战

◎淝水之战图

妾张夫人及幼子苻诜也先后劝谏，但苻坚不听，仍然固执己见。而当冠军将军、京兆尹慕容垂别有用心劝苻坚伐晋时，苻坚即大喜过望，认为“与我共定天下者唯有你一人”。于是伐晋之事决定下来。

建元十九年（383年）七月，苻坚下诏大举伐晋，并且亲自长安出发。东晋闻讯后，任命尚书仆射谢石为征虏将军、征讨大都督，以徐、兖二州刺史谢玄为前锋都督，与谢安子辅国将军谢琰、西中郎将桓伊等率兵8万迎敌，又命龙骧将军胡彬率水军5000援救寿阳（今安徽寿县）。至此秦晋之战一触即发。十月，秦军前锋渡过淮水，攻下寿阳，生擒晋平虏将军徐元喜。晋将胡彬闻知后退保硖石（今安徽寿县西北）。苻融命将军梁成率兵5万屯驻洛涧（今安徽淮南东淮河支流洛河），截断淮水水道，使胡彬无法东撤，同时又巩固了寿阳秦军防务。谢玄军主力自东向西推进，因惧怕前秦兵，驻兵于洛涧东25里处。苻坚为消灭胡彬部，亲率兵8000自项城赶赴寿阳，并派出东晋降将朱序劝降晋军。刘牢之纵兵追击，生擒秦扬州刺史王显等。秦军兵败退逃往寿阳。东晋洛涧大胜后，乘势水陆并进，屯军于淝水东岸，与秦军隔水相望。十一月二日，谢玄派人前往苻融营中，要求秦兵稍稍向后移转，使晋兵渡河决战。苻坚与苻融打算趁晋兵渡河之机，突然以铁骑出击以打垮晋军，便同意谢玄建议。但由汉人及各族被奴役者组成的秦军不愿再战，听到命令后一退不可收拾。这时被秦军俘获的晋将朱序乘机在阵后大喊：“秦兵败了！秦兵败了！”秦军阵势大乱，晋兵乘势渡河猛攻。苻融欲阻止秦军退却，却于乱军中落马被斩。秦军群龙无首，溃不战军，谢玄乘胜追击，直杀至寿阳城西30里处。秦军溃逃时，听到风声鹤唳，以为是东晋追兵，自相残踏而死者无数。苻坚身中流矢，单骑北逃。淝水之战遂以前秦的惨败和东晋的大捷而结束。

苻坚回长安不久，于385年被羌族将领姚苌刺杀，前秦瓦解。

慕容垂重建燕国

前秦建元二十年（384年）一月，慕容垂重建燕国，史称后燕。

前秦建元十九年（383年）十一月，慕容垂以安抚北部边民的名义，脱离苻坚北上，十二月到达安阳，正好遇上丁零人翟斌起兵反秦。长乐公苻丕在派慕容垂率兵征讨的同时又命令广武将军苻飞龙杀掉慕容垂。不料计谋泄露，慕容垂尽诛苻飞龙及其部属，然后联合丁零翟斌会攻前秦邺城，并密令慕容农起兵响应。以慕容德为车骑大将军、范阳王，慕容楷为征西大将军、太原王，翟斌为建义大将军、河南王，慕容垂自称大将军、大都督、燕王。慕容垂改秦建元二十年为燕元年，立慕容宝为太子，封官拜爵，建立燕国，史称后燕。但邺城久攻不下，直到后燕慕容垂二年（385

◎北凉乐伎与百戏壁画

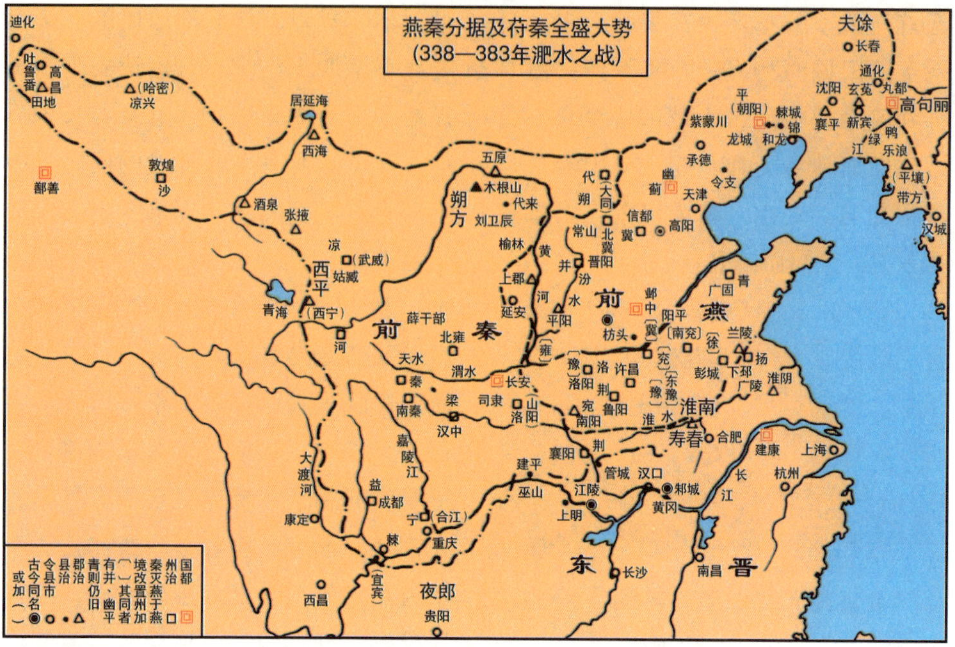

◎秦兴兵伐燕

◎后燕立碑

年）七月，苻坚死，前秦邺城守将苻丕才率兵撤出邺城，返回长安，燕军进占邺城。随后，慕容垂定都于中山（今河北省定县），建元建兴。

后燕建立后，慕容垂引兵南征北战，所领疆土日益扩大。建兴元年（386年）七月，翟斌谋叛被杀，其侄翟真逃往邯郸。稍后翟真死于内乱，其堂兄翟辽攻占黎阳，称魏天王，建辽元建光。翟辽死后翟钊继位。太元十七年（392年），慕容垂灭钊，获得七郡的土地。十九年（394年），慕容垂率兵攻打西燕，杀死慕容永。此后，后燕又攻取东晋青州、兖州等地，与后秦分据关东、关西，是淝水之战后北方诸政权中较强盛的一个王国。

姚苌称帝杀苻坚

后秦白雀元年（384年）四月，姚苌叛前秦自立，称大将军、万年秦王，建元白雀，史称后秦。次年八月，姚苌派人杀死苻坚。

姚苌（？—393年），字景茂。南安赤亭（今甘肃陇西东南）人，羌族，姚襄弟。前秦寿光三年（357年）四月，姚襄为苻坚所杀，姚苌于是率领其部众投降前秦，他竭力主张苻坚伐晋，想借苻坚兵败之机自立。前秦建元二十年（384年）三月，慕容泓起兵反秦。秦王苻坚派钜鹿公苻睿为统帅，姚苌为司马，讨伐慕容泓。

四月，两军战于华泽，由于苻睿轻敌冒进，兵败被俘。姚苌派龙骧长史赵都、参军姜协向苻坚谢罪。苻坚怒杀赵都、姜协。姚苌闻知后十分恐惧，因而叛逃渭水以北牧马之地，自称大将军、大单于、万年秦王，建元立国，史称后秦。

◎新疆若羌县米兰第三号寺院遗址壁画《占梦》。此块残壁所绘内容选自佛传故事，描绘的是悉达多的母亲摩耶夫人夜晚感梦，其父净饭王召相师占梦的情节。壁画中部的净饭王坐在一个布满蔷薇图案的深色台座上，右手平举，目光炯炯，面部充满庄重的神情。

◎佛本生故事

白雀元年（384年）六月，苻坚亲率步骑2万讨伐姚苌，屡败后秦军，并斩杀姚苌弟护军将军姚尹买。七月，因西燕慕容冲率军进击前秦都城长安，苻坚乃引兵回援。次年五月，西燕围攻前秦都城长安，双方展开了激战，前秦先胜后败。于是苻坚率数百骑兵出击奔五将山。七月，苻坚被姚苌部擒获。八月，苻坚被杀。东晋宁康十一年（386年）四月，姚苌入长安称帝，改元建初，国号大秦。

慕容泓建西燕

前秦建元二十年（384年）四月，慕容泓建立燕国，史称西燕。

建元二十年（384年）三月，前秦北地长史慕容泓乘后燕王慕容垂进攻邺城之机逃往关东，收集鲜卑残部数千人，返回屯华阴（今属陕西），击败前秦将军强永。慕容泓自称都督陕西诸军事、大将军、雍州牧、济北王。秦王苻坚任命雍州牧钜鹿公苻睿为统帅，率兵5万讨伐慕容泓。四月，两军在华泽（今陕西华阴）相遇。前秦兵败，统帅苻睿自杀，这时，刚被秦将窦冲击败的慕容冲也率兵来投奔慕容泓，慕容泓的队伍增至10余万。于是慕容泓致函苻坚，请苻坚送还尚在苻坚朝中的前燕亡国之君慕容暐。苻坚大怒，但待慕容暐如初，同时命慕容暐书信招谕慕容泓、慕容冲、慕容垂等。慕容却秘密派遣使者告诉慕容泓不必顾念自己而努力建树大业。慕容泓于是改元燕兴，建立燕国，史称西燕。西燕建立后，关内外鲜卑归顺者达10余万，一度声势浩大。六月，慕容泓因持法苛峻为部下所杀，其弟慕容冲继位。次年（385年）正月，慕容冲在长安城外的阿房称帝，改元更始。更始二年（386年）二月慕容冲被杀，段随称王，改元昌平。随后，西燕内乱不止，几易其主，最后由慕容永称帝，改元中兴。西燕中兴九年（394年）八月，慕容垂率军与西燕军战于台壁，大败西燕，西燕灭亡。

◎《说发图》壁画

吕光破龟兹国建后凉

前秦建元二十一年（385年），吕光攻破龟兹国，并于次年十二月，自称凉州牧，建立后凉。

吕光（338年—399年），字世明，略阳（治今甘肃天水东北）氐族人。前秦苻坚时太尉吕婆楼之子。苻坚统一中原后，于前秦建元十八年（382年），派吕光率兵7万和铁骑5000，进军西域。383年，吕光率军越过流沙300余里，沿途焉耆等诸国相继归附，只有龟兹王帛纯据城拒守，被前秦军包围。384年，吕光大破各方援军70多万，攻下龟兹，30余国投降。前秦兵在这次战役中第一次见到了新式装备连锁铠。吕光入龟兹城后，将汉朝赐给诸国的节符都换成前秦节符，立帛纯弟震为龟兹王。苻坚遂任命吕光为安西将军，都督玉门以西军事，西域校尉。淝水之战前秦战败后，长安告急，部将请吕光速归关中。吕光率师返至玉门关时，前秦凉州刺史梁熙指责他擅自还师，发兵5万，拒吕光于酒泉，为吕光击败。

太元十一年（386年）六月，吕光即天王位，国号大凉，改元龙飞。吕光在河西称霸，靠的是一支七万五千人的氐族军队。由于连年作战，兵员得不到补充，军事力量逐渐削弱。加之吕光晚年昏聩，听信谗言，部下离叛，政治腐败混乱，后凉国势遂日趋不振。399年吕光去世。403年，后凉为后秦所灭。

拓跋珪建北魏

晋太元十一年（386年）四月，代王拓跋珪改称魏王，以魏为国号，史称北魏。

前秦灭代国后，代王什翼犍之孙拓跋珪先后流徙于独孤部和贺兰部。晋太元十一年（386年）正月，拓跋珪在牛川（今内蒙古锡拉木林河）召开部落大会，即代王位，建元登国二月，拓跋珪迁徙到代国故都定襄郡的盛乐（今内蒙古和林格尔北）。在盛乐拓跋珪重视农业发展，使百姓休养生息，国力逐渐强盛。四月，拓跋珪改称魏王，改国号为魏。

拓跋珪即位后，先击败了高车、柔然和库莫奚，扫除了后顾之忧，然后联合他的舅舅慕容垂所建的后燕，灭掉了贺兰、纥突邻、纥奚、贺染干、贺讷等部，占据了刘库仁、刘卫辰后裔所盘踞的地区。北魏自此兵力强盛，财力富饶。为求发展，拓跋珪决定与后燕争夺中原之地。他以慕容

◎北魏佛造像

◎北凉神马壁画

垂扣留其弟为借口，与后燕断绝关系。396年，拓跋珪率40万大军讨伐后燕，夺取并州（今山西），仿汉人制度建立台省，设置朝廷百官和地方的刺史、太守。凡有用人才都加以录用。397年，在巨鹿柏肆坞，后燕太子慕容宝乘夜进攻，魏军惊散，但拓跋珪终于设奇阵转败为胜。同年，魏军占领了后燕都城中山，398年攻取邺城。除山东半岛的南燕与东北的北燕外，太行山以东的中原地区基本上归入北魏版图。北魏成为塞外唯一强国。

王献之开拓新书体

东晋中晚期，书风极盛，尤其是王羲之的书法代表了"晋人法度"，名冠当世，直接继承羲之书法体势并同样对书法发展产生重大影响的是他的第七子王献之。梁武帝萧衍《书评》说："王献之书，绝众超美，无人可拟。"他与父羲之齐名于世，并称"二王"。

王献之（344年—386年），字子敬，小字官奴，官至中书令。他从七八岁时开始学习书法，一次羲之乘他专心写字时，猛然间从身后抽他的笔，竟没抽走，心里暗喜，知献之在书法方面定会有成就，就着意让他临摹自己的字，并专书《乐毅论》作为献之学书的范本。接着献之师法张芝，并精隶、真、行、草诸体，"后改变制度，别创其法"，使自己的书风独具一格。他作书时常是随兴挥洒，发自情怀，"虽权贵所逼，了不介怀"。曾取扫帚蘸上泥汁在墙壁上飞舞出方丈大的字，引来许多人围观。羲之恰巧看到，很表满意。献之行草出于羲之而别有创意，“兴合如孤峰四绝，迥出天外，其峻峭不可量”，“雄秀惊人，得天然妙趣，内中多有飞白，为天上神品”。

《书断》说献之“学竟能极，小真书（即楷书）可谓穷微入圣，筋骨紧密，不减于父”。《洛神赋玉版十三行》是他小楷的代表作，最有王氏风范。全帖神韵超逸，上下左右均能顾盼照应，富有节奏，分间布白，错落有致，而且将《乐毅论》横势书体，改成纵势，深得楷书宗极，可以说，今楷书体的衍变过程到献之最终完成。

王献之传世墨迹不多，但在其父的基础上创意不少，而且所传墨迹，或为真迹或在很大程度上保留了真迹面貌，对后学者颇有益处。他与父亲的书法各成其道，“子为神骏，父得灵和”，既是旧书体的集大成者，又是诗书体的开拓者，在中国书法史上影响最大，被历代书者奉为楷模。

姚苌去世，姚兴即秦位

秦建初七年（393年）十二月，后秦王姚苌去世。第二年五月，姚兴即位。

姚苌，字景茂，曾跟随苻坚南征北战，立下赫赫战功。淝水之战后，率领羌人独立，聚集10万余人，称万年秦王，杀掉了秦王苻坚。后秦建初七年（393年）10月，姚苌病重，回到长安。12月，姚苌临终托孤。第二天姚苌去世。

姚苌去世后，姚兴秘不发丧，自称大将军，进攻前秦。后秦皇初元年（394年）正月，前秦王苻登率领全部兵马在废桥（今陕西乾县与武功县之间）与姚兴激战，大败而归。5月，姚兴发丧，在槐里（今陕西西安市西）即位。姚兴是十六国后期君主中较有才能的一位皇帝。他重视用人，制定了一些选举制度，在长安建立了律学。他重视儒学，信奉佛教，以名僧鸠摩罗什为国师，促进了后秦文化的发展。姚兴在位期间，后秦相当强盛。他即位后不久就消灭了前秦苻登势力，并出兵迫后凉投降，使陇右、河西一带都在后秦势力范围内。

两燕台壁大战

后燕建兴九年（394年），后燕西燕大战于台壁（今山西潞城县北）。后燕建兴八年（393年）11月，慕容垂调集7万骑兵，派丹杨王慕容缵为龙骧将军从井陉出击，攻打西燕的晋阳，派段平攻打西燕的沙亭。西燕慕容永调精兵5万，派尚书会刁云率领防守在潞川。十二月，慕容垂在邺驻军。后燕建兴九年（394年）二月，慕容垂调遣兵马，分三路大张旗鼓向西燕进发。西燕王慕容永得悉情况后，一面命令各路军队严加防守，一面在台壁屯军粮。后燕王慕容垂驻军邺县西南，并不进军。慕容永疑其有诈，遂将各路兵调集到轵关，只在台壁留守一军。四月，慕容垂率大军从滏口出发，进入太行山。五月，大军直趋台壁。西燕王慕容永派兵去营救，都以失败告终。后燕军包围台壁。慕容永亲自将轵关的军队调回，率精兵5万迎战。

刁云等将帅慑于后燕威势，向后燕投降，慕容永大怒，于是斩杀他们的亲属。15天后，慕容垂在台壁南布阵，又在山涧旁埋伏千余骑兵。第二天，与慕容永交战不久，慕容垂假装退却，西燕军队追击，追行数里，后燕伏兵从山涧中杀出，切断了西燕军队的后路，于是后燕军队前后夹击，大破西燕军，消灭8000余人。慕容永逃到长子。

后燕台壁大捷，为灭西燕奠定了基础。八月，后燕攻破长子，杀慕容永，西燕灭亡。

燕魏参合陂大战

北魏登国十年（395年）十月，北魏与后燕大战于参合陂。这是十六国后期北魏拓跋珪歼灭后燕主力的战役。

北魏建立初期，在后燕扶植下成为塞外唯一强国。鉴于后燕不断索取马匹，双方关系恶化，北魏于是联合西燕威胁后燕。北魏登国十年（395年）五月，慕容垂派太子慕容宝、辽西王慕容农、赵王慕容麟率兵8万，从五原（今内蒙包头市西）出发讨伐北魏。北魏得知后燕来攻，采取避开后燕主力不与决战的策略，一方面在黄河南岸进行军事部署，另一方面派人向后秦求援，后秦姚兴派杨佛嵩率兵助魏。慕容宝离开后燕时，慕容垂已重病在身，此时已有4个月。拓跋珪暗暗派人在通往后燕都城中山的路上，劫获了使者，然后逼迫使者向慕容宝诡称慕容垂已死，后燕军心大乱。十月，虽已入冬，但河水仍未结冰，慕容宝认为魏军无法渡河，不设岗哨。岂料9天后，寒流忽至，河面结冰，拓跋珪留下辎重，亲率精锐骑兵2万余人，日夜兼行，到参合陂（今内蒙凉城县东）西（后燕军队在陂东）。

部下靳安对慕容宝说：“今天西北风劲，是魏军追来的征候，当设防，且迅速离开。”慕容宝虽采纳部下建议加紧设防，但因数日不加岗哨戒备，将士们都放松了警惕，只是略为巡视，便解鞍就寝。魏军将人马分成几路，封住马口，乘夜色，悄然无声登上山顶。第二天日出时，魏军从山顶长驱直下，冲入后燕军营，后燕军队惊慌失措，人马相踏，压死、溺死者数以万计。慕容宝及其兄弟只身逃走，军中四五万人束手就擒，其中有王公文武将吏数千人。魏军缴获器甲、辎重、军资杂财10多万，将燕军俘虏全部活埋。

参合陂大战是后燕衰弱、北魏强盛的关键性一战，为北魏推进中原创造了有利的条件。

后燕败魏，慕容垂死于上谷

东晋太元二十一年（396年）三月，后燕在平城击败魏国。四月，后燕王慕容垂病死于上谷。

慕容垂（326年—396年），字道明，鲜卑族，昌黎（今辽宁朝阳）人。前燕王慕容皝第五子。曾在枋头（今河南新乡市东北）大败东晋桓温，因而遭到叔叔慕容评的嫉恨，几乎被杀，只得投奔苻坚。苻坚对他优礼有加。淝水之战后，慕容垂趁机恢复燕国，定都中山。在他的努力下，后燕据有现在河北、河南、山东、山西、辽宁的大部或部分地区，成为盛

◎将军坟

极一时的强国。继滑台、台壁大捷后，参合陂一战，后燕惨败于魏。

东晋太元二十一年（396年）三月，慕容垂亲自率领后燕大军，秘密地越过广昌岭（今河北蔚县附近），出魏之不意，直趋平城（今山西大同西北）。当时魏将拓跋虔率3万余户守平城。由于后燕被魏击败不久，魏军并不设防，后燕军又惧怕魏军，因此，只有慕容隆率领的龙城兵奋勇争先。后燕兵攻至平城城下，拓跋虔才匆匆应战，不久战败而死，其部众也大多散失。平城失利时，拓跋珪正在善无（今山西右玉南）。慕容垂遂乘胜从平城继续西进。

东晋太元二十一年（396年）闰三月，后燕大军进至参合陂。数月前后燕和魏曾在此激战，阵亡士兵遗骸堆积如山，慕容垂心潮涌动，于是设坛祭奠，悲愤之际呕血不止，导致旧病复发，只得乘马车到平城西北30里处。太子慕容宝听说后率兵回师。当时有人告诉拓跋珪说慕容垂已死，尸体就在军中，而拓跋珪因平城失利的影响，于是也不派兵追击。慕容垂在平城住了10日，病情加重。四月在归国途中死于上谷的沮阳，享年71岁。太子慕容宝秘不发丧，14日后回到中山，又过了2日才发丧。追谥慕容垂为战武皇帝，庙号世祖。慕容宝即位，改元永康。

◎程段儿石塔

秃发乌孤建凉

南凉太初元年（397年）正月，鲜卑秃发乌孤自称大都督、大将军、大单于、西平王，并改元太初，建立南凉政权。

秃发乌孤（？—399年），鲜卑族，早年为河西（今甘肃西部一带）鲜卑人的首领。麟嘉六年（394年），他接受后凉吕光的授官，为冠军大将军、河西鲜卑大都统。第二年七月，秃发乌孤率部众袭击乙弗、折掘诸部，诸部纷纷投降。当时广武人赵振，听说秃发乌孤举兵，便抛弃家业跟随左右。

由于赵振年青时喜爱兵法韬略，秃发乌孤非常高兴，于是任命赵振为左司马。晋隆安元年（397年）正月，秃发乌孤建立南凉。不久，攻占后凉金城（今甘肃兰州市西），并和后凉吕光在街亭（今甘肃永登县西）展开激战，后凉兵大败。至此，南凉政权逐渐形成。南凉太初二年（398年），在西平（今青海西宁市），打败梁饥。湟河、浇河太守都献郡投降，姑苦藏（今甘肃武威）以南羌、胡数万部落都归附南凉。秃发乌孤改称武威王。太初三年（399年）一月，迁都乐都（今青海乐都县）。八月，秃发乌孤酒后骑马，因马失前蹄受伤，不久去世。其弟秃发利鹿孤继立。秃发乌孤统治时期，对汉族、少数民族的才俊都予以重任，文职高官差不多都由汉族士人充任，这对缓和民族关系起了积极作用。

北魏道武帝改革

北魏道武帝在位期间（魏登国元年至魏天赐六年，386年—409年），实行一系列的改革措施，使拓跋部逐渐走向封建化。

秦晋淝水之战后，拓跋珪乘机复国，386年登代王位，改国号为魏，史称北魏，年号登国。

在后燕支持下他积极扩张势力，不久便称雄塞外，并威胁后燕，于登国十年（395年）在参合陂（今内蒙古凉城县西北）大败后燕军。第二年，他乘后燕主慕容垂病死之机推进中原，相继夺取晋阳、中山、邺城等重镇，占据了今山西、河北等地，与东晋隔河对峙。天兴元年（398年），拓跋珪称帝，定都平城（今山西大同），年号天兴。北魏道武帝拓跋珪在位期间，尤其是初期，进行了一系列的改革，主要包括：一、立官制定律令。魏天兴元年（398年）11月，拓跋珪命尚书吏部郎中邓渊建立官制，调协音乐；仪曹郎中董谧制定郊庙、社稷、朝觐、飨食等礼仪；三公郎中王德制定律令；太史令晁崇造浑仪，考天象。由吏部尚书崔宏总领裁奇，然后便作为永式确定下来。二、仿效汉人礼俗。天兴元年（398年）十二月，拓跋珪即帝位后不久便命朝野皆束发加帽循汉人风俗，又更改魏祭祀旧俗，仿汉人祭礼仪，除祀天时皇帝亲行，其余由有司办理。他还采纳崔宏的建议，自称是黄帝之后裔，崇尚土德，服色以黄为贵。为了竭力拉拢汉族地主，拓跋珪实施宗主督护制度，逐步恢复了九品中正制。三、推崇儒学。自迁都平城以来，道武帝多方学习汉族文化，实行封建化的统治方法，官制，律令、礼乐等沿袭秦汉以来的制度，又置五经博士，增加国子太学生员至3000人。天兴二年（399年）三月，他又下令向天下征索书籍，送到平城。道武帝自征后燕以后，大量接触中原文化，开始崇尚儒学，对日后稳定其在北方的统治有重要的作用。四、以法御臣。道武帝看到后燕慕容垂因分封诸子，权力分散，导致骨肉相攻，以致败亡，深以为鉴，博士公孙表也用《韩非子》向道武帝说明当以法制天下之理。左将军李粟性格傲慢，对道武帝多有不恭。天兴三年（400年）十二月，道武帝下令处死李粟，令群臣震惧，对加强中央集权起到了震慑作用。五、分土定居，计口授田，劝民农桑。登国九年（394年），道武帝开始施行“分土定居”的政策，离散各部落，不准随意迁徙，各个氏族以部落形式定居，促成拓跋部由部落组织向地域组织转化。皇始三年（398年）正月，他又将山东6州的百姓和一些少数民族部众36万及百工伎巧10多万迁移到平城附近。二月，道武帝率领众人来到繁峙（今山西应县东），送给新迁入的居民耕牛，实行按人口分配耕地，鼓励农耕，促进了农业的发展，亦加速了拓跋部由游牧向农业生活的转化。道武帝的改革有利于拓跋部向封建化转化及代北地区的开发，对促进北方民族的融合起到了积极的作用。

小辞典 人物

法显

东晋隆安三年（399年）三月，法显和尚因深感“经律舛缺”，从长安出发，赴北印度取经求佛法。

法显（约337年—约422年）俗姓龚，山西平阳（今山西临汾西南）人。公元399年，他偕僧人慧景、道整等从长安出发西行求法，经河西走廊、敦煌以西的广阔沙漠，到达焉夷（今新疆焉耆附近），穿过今塔克拉玛干大沙漠抵于阗（今新疆和田），南越葱岭，取道今印度河流域，经今巴基斯坦入阿富汗，再返巴基斯坦境内，东入恒河流域，到达天竺（印度）境。再横穿尼泊尔南部，至东天竺，在摩揭提国（即摩揭陀）首都巴达弗邑（今巴特那）留住3年，学习梵书佛律。再由海路单身回国，与其同行者或死或留天竺。他

◎法显像

从东天竺当时著名的海港多摩梨帝（今加尔各答西南之德姆卢克）启程，乘商船到师子国（今斯里兰卡），停留2年，又得经本。复乘船东归，途经耶婆提（今苏门答腊岛或爪哇岛），换船北航。在青州长广郡牢山（今山东青岛崂山）登陆，改走陆路，于义熙九年（413年）到达建康（今南京）。法显历经15年，取回了中土旧日所无的大小乘三藏中的基本梵本要籍十余部，回国后在南京道场寺与佛驮跋陀罗合译《摩诃僧祇》、《大般泥洹经》等经律论六部、二十四卷。其译文朴素而传真。法显为佛法流通贡献了巨大力量，其勇猛精进、为法忘身的精神为后人取法。

义熙十二年（416年），法显撰成《佛国记》（又名《法显传》、《佛游天竺记》、《历游天竺记传》），《佛国记》为研究南亚次大陆各国古代史地提供了不可多得的重要资料，在航海史上也占有重要地位。

◎后赵建武四年（338年）鎏金铜佛坐像。这是我国迄今为止所发现的有确切纪年铭文的第一尊佛造像。

文化小辞典

《洛神赋图》

《洛神赋图》为东晋顾恺之的传世之作，充分体现了顾恺之在刻画人物内心世界和表现意境方面的才能。

顾恺之才高艺绝，勤于创作，据文献记载，他的作品有很多，但真迹都已失传。《女史箴图》和《洛神赋图》是现存的最好的两种摹本。《洛神赋图》今有宋代摹本5种。画卷为绢本，设色，长572厘米，高27厘米。《洛神赋图》题材取自三国时曹植著名的《洛神赋》。这幅画分为三个部分，曲折细致地描绘出曹植与洛神真挚纯洁的爱情故事。画卷开端，曹植一行来到洛水之滨，惊看洛神之出现。洛神在云天、在水波间自由地遨游，“翩若惊鸿，婉若游龙”，这部分定名为“惊艳”。第二部分是“情”。曹植向洛神倾诉爱慕之心，洛神感动，与曹植互诉衷肠。接着青鸟传情，洛神依依不舍地离去。第三段为“偕

◎麦积山石窟

逝”，画面从神话世界转为想象中的现实。洛神没有远逝而去，重又回到曹植的身边，一同乘楼船渡过洛水，喜结良缘，使人神之恋终于实现。

《洛神赋图》是中国美术史上不可多得的精品，也是顾恺之绘画艺术的代表作。宋代的摹本相当忠实于原作的气息，用笔细致遒劲，如春蚕吐丝，紧劲连绵，这种笔法，史称“高古游丝描”，我们可以从战国时代的《龙凤人物图》和《御龙登天图》看到这种技法的雏形。而画中的人物造型和神情的表达，显然又本于汉代民间绘画的传统。顾恺之能博采众长，阐发新意，因而将传统绘画推上一个新的高峰。在他之后，绘画的写实性更加深入，描绘能力迅速提高，画坛出现了一个新局面。

◎宋摹本东晋顾恺之《洛神赋图卷》。长572 厘米，高27 厘米。取材于魏曹植《洛神赋》，运用横卷构图形式把诗赋的情节一一展现出来，突出人物关系和情思，成功地表达了诗赋中所描绘的梦幻中如丝如缕的柔情。

卢水胡沮渠蒙逊建北凉

隆安五年（401年），沮渠蒙逊建立北凉。

沮渠蒙逊（368年—433年），是甘肃张掖地方的卢水胡族人，祖上曾任匈奴左沮渠，即以官名为姓氏。他的父亲曾是前秦苻坚的中田护军。蒙逊继承父亲的部曲，博涉史书，雄杰有谋略。东晋隆安元年（397年），后凉吕光命蒙逊伯父罗仇等远征，吕光弟吕延战死，凉军大败。吕光将此归罪于罗仇，并杀掉罗仇等人。蒙逊与从兄沮渠男成因而起兵反凉，共推吕光部下建业太守段业为磊大都督、凉州牧、建康公。攻取后凉张掖后，汉人段业称凉王，懦弱而没有权略。

隆安五年（401年），蒙逊诬告男成谋叛，诱使段业杀男成，蒙逊再乘机杀死段业，自称大都督、大将军、凉州牧、张掖公，改元永安，建立北凉。北凉建立后，蒙逊屡败西凉李氏，又攻取秃发傉檀的姑臧，并迁都姑臧。晋义熙八年（412年），蒙逊称河西王，置百官，筑宫殿。后又灭西凉，取得酒泉、敦煌等地。西域鄯善王比尤，也来朝见他。西域三十六国，都遣使称臣，北凉达到最强盛时期。同时，沮渠蒙逊又向东晋、刘宋称藩臣，互派使者，晋、宋都曾封蒙逊为凉州刺史。

晋元嘉十六年（439年），北魏拓跋焘攻北凉，占领姑臧，俘获蒙逊第三子北凉王祖渠牧犍，北凉灭亡。

刘裕攻破桓玄

晋元兴二年（403年），桓玄称帝，国号楚。

桓玄称帝后，终日骄奢荒侈，游猎无度，大兴土木，使得百姓疲苦，朝野怨怒。北府旧将刘裕、何无忌、刘毅、刘道规等人乘机起兵，反叛朝廷。

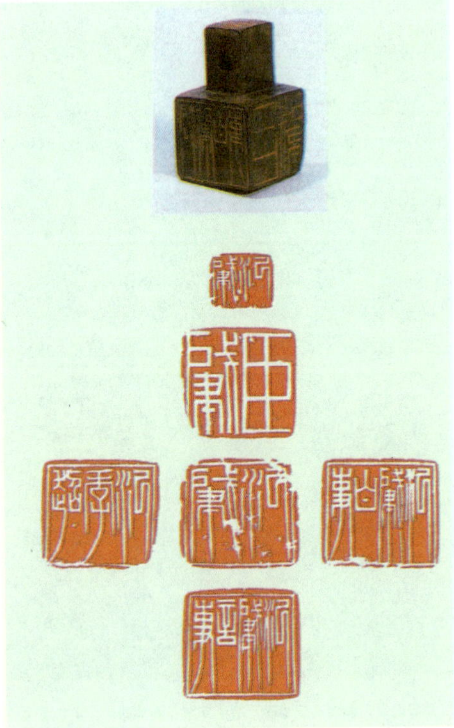

◎晋氾肇六面印

晋元兴三年（404年），刘裕与桓玄的战将吴甫之在江乘展开大战。刘裕手持长刀，大呼向前，所向披靡，怒斩吴甫之。稍后，刘裕又与桓玄的右卫将军皇甫敷在罗落桥交战。在数重包围之下，刘裕背倚大树，越战越勇。正当情况危急之时，援兵赶到，大败皇甫敷。紧接着刘裕又与桓谦战于覆舟山（今南京市北）。战斗中，刘裕身先士卒，率领将士铺天盖地而来，呼声震地，一举击溃了楚军主力。桓玄战败后，挟晋安帝司马德宗西奔广陵。

元兴三年四月，何无忌、刘道规率军西追桓玄至湓口（江西九江东）江中的桑落洲，与其部将何澹之率领的水军接战。何澹之帅船羽旗壮观，自己却别居他船。何无忌将计就计，轻取帅船后，大呼已俘获何澹之，双方士兵都信以为真，何澹之的水军迅速溃败。桑落之战后，桓玄在荆州重整兵马，不到1个月，集合了2万士兵及许多楼船器械。于是，桓玄率战舰200艘，由江陵东下，与刘毅大战于峥嵘洲（湖北鄂县）。桓玄的队伍虽然气势旺盛，但桓玄自己则因怕死而置身于单舸之中，因此动摇了军心。刘毅借风放火，玄军大败，桓玄乘单舸逃回江陵。随后，桓玄听信毛璩之侄毛修之之言前往盖州，为盖州督护冯迁所杀，首级被送到建康，悬挂在朱雀门上。义熙元年（405年），刘毅率大军攻入江陵，灭掉桓氏家族，诛杀桓玄党羽桓振，迎接安帝司马德宗回建康。

匈奴赫连勃勃建夏

晋太元二十七年（407年），匈奴赫连勃勃自立为王，国号大夏。

赫连勃勃原名刘勃勃，391年北魏拓跋珪率军消灭刘卫辰时，他投奔后高平公没弈干门下，并取其女为妻。勃勃身材魁伟，仪容可观，聪明善辩，很得秦王姚兴的器重，被封为安远将军、五原公，帮助岳父没弈干镇守高平。稍后又被任命为安北将军、五原公，镇守朔方。弘始九年（407年），北魏、后秦互相归还俘虏，重新通好，勃勃闻之大怒，于是秘谋叛秦。不久，他在大城劫掠柔然社仑可汗敬献给后秦的8000余匹马，并杀掉了岳父没弈干，正式叛秦。刘勃勃叛秦后，自称天王、大单于，设置百官。他认为匈奴是夏后氏的后代，故取国名大夏，又认为从母姓姓刘不合理，改姓赫连氏。

刘裕攻灭后秦长安后，匆匆南回夺取东晋帝位，留其子刘义真守长安。勃勃先乘机进据长安，晋义熙十四年（418年）称皇帝于灞上，然后留太子赫连璝守长安，自己仍回统万（内蒙古马审旗南白城子）新都，以便与北魏对抗。

赫连勃勃性格暴躁，手段残酷，每攻取一城池都要坑杀投降的士兵。到了晚年，他想废太子赫连璝而立幼子酒泉公赫连伦，因而引起了兄弟间的互相残杀，只好改立昌为太子。南朝宋元嘉二年（425年），赫连勃勃卒。次年，北魏攻占长安，以后又连续攻取统万，并掳获赫连昌。勃勃第五子赫连定，继皇帝位于平凉。元嘉

◎东晋铜俑。铜俑头部椎髻，戴护耳冠，面部微仰，笑容可掬。左手持莲花。雕塑的技法非常娴熟、细腻。莲花是佛教的象征，这件俑手持莲花，当是与佛教有关的人物形象。

八年（431年），赫连定为吐谷浑击败，夏亡。

刘裕北伐南燕

东晋安帝义熙五年（409年）四月，刘裕率兵北伐南燕。

南燕一直以来都骚扰侵掠东晋边境。刘裕因而上表，请求讨伐南燕。当时东晋朝廷大部分人都反对出兵，只有左仆射孟昶、车骑司马谢裕等极少数人赞同。同年夏季，刘裕率军北伐。途经天险大岘时，因慕容超不听公孙五楼提出的“强占天险、坚壁清野”的劝告，刘裕得以顺利通过。六月，刘裕进入东莞（山东沂水县）境内，派善谋果断的王镇恶（王猛孙）为中军参军，与南燕公孙五楼、段晖等激战于临朐之南。从早上战到中午，仍未决出胜负。于是，刘裕采纳参军胡藩的建议，派胡藩等人绕到燕军后方，前后夹击，大败燕军，斩段晖等10余人。南燕所用的玉玺、辇及豹尾均被晋军掠获。临朐大捷后，刘裕率军包围南燕都城广固（今山东盖都西北）。南燕王慕容超派使者韩范奔赴后秦求救。

后秦王姚兴得知广固被围后，派兵1万人到洛阳，与洛阳太守姚绍合力解救南燕。后因后秦伐夏失败，急需援兵而中途撤回。姚兴在派兵救燕的同时，又派使者去见刘裕，声称已遣铁骑10万屯于洛阳，如晋不收兵，将长驱而进。刘裕当即回答说，克燕之后，当息兵3年，即来取秦关、洛，目前如能自来送死，当然更好。刘裕认为，秦派使者只是虚张声势。事实果如刘裕所言，秦军被夏击败后已自顾不暇，无力救燕。南燕死守广固等待秦援。

然而，南燕派出的使者尚书张俊因不能返回广固城而投降刘裕，并向刘裕献计说，如果能说服韩范，燕人将不战而降。刘裕因而派人招抚韩范。跟随韩范的人劝韩范投奔后秦，以图恢复。而韩范认为刘裕从布衣起家，能够翦灭桓玄，恢复晋室，又兴师伐燕，所向披靡，此为大势所趋，非人力所及。南燕若被灭，秦也难保，自己不可被一辱再辱，不如顺应天意，投降刘裕。

韩范的投降，彻底断绝了燕军的希望。义熙六年（410年），刘裕攻下广固城，将慕容超送到建康，斩首示众。

汉人冯跋建立北燕

后燕正始三年（409年）十月，汉人冯跋即天王位于昌黎，仍用国号燕，是为北燕。冯跋原是后燕禁军将领，杀后燕主慕容熙后，推高云为主，自任使持节、都督中外诸军事、录尚书事、武邑公，掌军政大权，及后高云被宠臣所杀，冯跋称天王于昌黎（今辽宁省朝阳），国号仍为燕，建元太平，是为北燕纪元之始。

北燕主冯跋建立政权，励意农桑，下令省徭薄赋，百姓每人植桑100棵，柘20棵，凡堕农者斩首。冯跋又勤于政事，在国内设立太学，严禁贿赂得官。凡前朝苛政一概废除。北燕初期对外采取友好政策，与夏结盟，和北魏的战事也不多，因此国内政局稳定，社会较为富庶。

卢循起兵

义熙六年（410年），刘裕北伐南燕慕容超，据广州的卢循在其姐夫徐道覆的建议和支持下乘机北伐东晋。

二月，北伐军兵分两路。一路由卢循率领越过五岭，经长沙、巴陵（今湖南岳阳）直指江陵，在长沙击败荆州刺史刘道规。另一路由徐道覆率领直下庐陵（今江西吉水北）、豫章（今江西南昌），大败官军，杀死镇南将军江州刺史何无忌。五月，卢循、徐道覆兵合一处，在桑落洲（江西九江东北长江中）大败晋卫将军、

◎卫夫人书迹摹本

豫州刺史刘毅。

卢循连败何无忌、刘道规、刘毅后，东晋朝廷赶紧召回北伐的刘裕。而此时卢循和徐道覆却在进军趋向上发生争执。卢循主张退还浔阳，进军江陵，据二州以抗朝廷，徐道覆则认为应乘胜追击，这个作战计划正是刘裕所担心的。卢循的优柔寡断给刘裕一个难得的喘息休整机会。刘裕乘机大募士卒，修补城池，从全国各地调集人马，入保建康。

从五月到七月，卢循的北伐军顿兵建康城下，不仅丧失有利战机，而

且还大大削弱了军队战斗力，最后不得不撤出蔡洲，退守浔阳。十月，徐道覆率水军3万进攻江陵，在破冢为刘道规所败，损失万余人。十二月，卢循又与晋军在大雷、左里等地大战，均失利，只得退守广州。义熙七年（411年）二月，刘裕派兵击杀始兴的徐道覆。三月，卢循攻番禺不下，转往交州，又为交州刺史杜慧度所败，遂投水自杀。

卢循起义时间虽短，却沉重打击了东晋王朝的封建统治，迫使政府采取了一些利民政策措施，为繁荣江南经济创造了有利的条件。

刘裕灭刘毅

晋义熙八年（412年），刘裕诛灭刘毅。

刘裕、刘毅、何无忌为东晋北府兵的三巨头。卢循起兵，何无忌战死，刘毅战败。紧急关头，刘裕从北伐前线赶回，平定卢循。和刘裕同时起家的刘毅虽然外表推崇刘裕，内心常怀忌恨。刘裕一向不喜读诗书，而刘毅则爱好文雅，朝中文雅之士多依附刘毅，于是刘毅暗中勾结朝中尚书仆射谢混、丹阳尹郗僧施，立志除掉刘裕。刘裕知道刘毅必反，于是先发制人，假意同意调刘藩至荆州，而乘刘藩到京城时收捕刘藩，处以死刑，随即亲自率兵讨伐刘毅。

刘裕任命振武将军王镇恶为前锋。王镇恶一路宣称自己是刘藩的军队，军队顺利入城。王镇恶占领大城后，又派人挖穿刘毅据守的牙城。半夜，刘毅突出重围，在城北的牛牧佛寺自缢身亡。

北凉造《玄始历》

玄始元年（412年），北凉造《玄始历》。春秋战国以来，人们根据所发现和创立的二十四节气，总结出19年为一章，每章有7个闰年的历法规律。如《太初历》、《四分历》等，都是采用这一闰年法。东汉以后，随着天文观测记录的逐渐积累，统计所得的回归年日数和朔望月日数的比率更加精密，给改革闰周、调整回归年数和朔望月数的比率创造了条件。人们发现，19年7闰的闰年方法，虽比以前进步得多，但闰数稍大，每过240年左右就要相差1天。玄始元年（412年），北凉科学家在吸收前人成果的基础上对这一闰年方法加以改进，制订了《玄始历》。《玄始历》把600年算作一章，每章包括221个闰月。这样，沿用近千年的19年7闰法发生动摇。

◎成汉陶侍俑、陶文吏俑

刘裕行义熙土断

东晋安帝义熙九年（413年）三月，时任太尉的刘裕因桓温庚戌土断过时已久，逐渐失去作用，国内人民和实际户口很不一致，给国家兵役来源及租赋收入造成混乱，因而请求再次实行土断。

刘裕实行义熙土断时，除徐、兖、青三州居住在晋陵（今江苏镇江、常州一带）的住户可以不进行外，其他流寓郡县大多被并省，归入本地郡县。会稽（今浙江绍兴）四姓中的余姚世族虞亮抗命，藏匿亡命千余人，被处以死刑。于是豪强肃然，远近知禁。义熙土断，是历史上第四次土断，也是比较彻底的一次。它打击了东晋豪强士族势力，对维护东晋政府的兵役来源和租赋收入起到了重要作用。

师子国赠玉佛像

东晋时，对外交往颇为频繁，与东边的高丽、倭，南边的林邑、扶南，西南的天竺、师子国，西边的大秦、波斯等都有使者或商业往来。东晋安帝义熙初年，师子国（今斯里兰卡）遣使向东晋赠送玉佛像一座。佛像高4尺2寸，玉色洁润，形制特殊。途经10年才运到建康。入晋后供奉在建康瓦棺寺内，与顾恺之所画的《维摩画图》、戴逵手制的佛像五躯并称瓦棺寺三绝。可惜，这件凝聚着中师人民之间友谊的稀世珍品后来毁于南齐东昏侯，被截断作了潘贵妃的钗钏。

夏筑统万城

赫连勃勃建立的夏，以不设都城而著称。然而，在获得后秦的大片土地，国力逐渐强盛后，为了对付主要敌人、世仇魏拓跋氏的进攻，赫连勃勃于凤翔元年（413年）三月，命叱干阿利为将作大匠，征发岭北胡、汉各族10万人在朔方水山、黑水之南（内蒙古乌审旗南白城子）筑城作为

◎统万城

临时都城。阿利虽精于设计，但脾气暴躁，性情残忍。他命令筑城工匠用蒸熟的土筑城，筑完后检查，如果用锥子能扎入1寸，就杀掉筑城者，并把尸体也筑到城墙中去。因此，城墙筑得非常坚固，硬得可以磨砺刀剑。城筑好后，赫连勃勃自称“朕方统一天下，君临万邦”，故取名为“统万”。统万城高10仞，基厚30步，上广10步，宫墙5仞。城内台榭高大，飞阁相连。城开四门，东为“招魏”，南为“朝宋”，西为“服凉”，北为“平朔”。如此取名，表明赫连勃勃有统一天下的野心。可惜，统万城在赫连勃勃死后的第二年，也就是南朝宋元嘉二年（425年），即被北魏拓跋焘攻占。

刘裕伐秦

东晋义熙十二年（416年）八月，刘裕率军伐秦。东晋义熙十一年（415年），司马休之、鲁宗之被刘裕打败投奔姚兴后，后秦即利用他们在荆襄一带的影响，进扰东晋边境。恰在这年，姚兴病死，姚泓继立。姚泓庸懦软弱，无经世之才，且和赫连勃勃、北魏拓跋氏连兵不已。东晋太尉刘裕于是乘后秦内忧外困之机出兵讨伐姚泓。刘裕率军四路北伐，水陆并进，一路由王镇恶、檀道济率领，自淮水、溮水进取许昌、洛阳；一路由沈林子等率领水军，与王镇恶相配合，由汴水进入黄河；一路由王仲德率领，由淮水到泗水，济水入黄河；一路由沈田子等人率领，径趋武关。

九月，刘裕北进鼓城，北魏守将尉建弃城渡河北走，魏派兵南下，责问刘裕为何犯边。王仲德机智地回答说：本想以布帛7万匹向魏假道伐秦，不意魏守将弃城而走。这样晋、魏避免了大的军事冲突。十月，王镇恶一路进展神速，攻近洛阳，后秦洛阳守将姚洸战败投降。十二月，东晋朝廷诏命刘裕为相国、总百揆，扬州牧、封十郡为宋公、备九锡之礼，位在诸侯王之上。可是，刘裕又暂辞不受封。第二年一月，刘裕率军沿河西行。四月，刘裕进至洛阳。

王镇恶攻克洛阳后，进攻潼关，秦军据险而守。同年七月，刘裕率军来到潼关。王镇恶率水军自黄河入渭河，直指长安。在过渭桥时，王镇恶让战士饱餐一顿，然后把所有战船全部让水冲走，并对将士说："你们家在江南，这儿是长安城北门外，离家万里，而船粮衣物，都随水而去，哪里还有生存之计！唯有决一死战，方可立大功，不然，我们都死定了。"于是，众将士人人奋勇当先，一举攻克长安。姚泓投降，后被斩首。

"五胡乱华"与十六国的形成消长

从304年刘渊建立汉国到581年杨坚建立隋朝，几乎两个半多世纪，中国北方陷入分裂战乱状态。黄河流域广大地区处于少数民族统治之下。二百多年的民族大激荡，内迁各族沿边各族纷纷登上历史舞台，建立政权，使这一时期的民族关系呈现出错综复杂的局面。

五胡于惠帝末期开始大规模的叛乱，10余年后便占有整个北方。从惠帝永兴元年（304年）匈奴刘渊称王起，下至南朝宋文帝元嘉十六年（439年）北魏拓跋氏统一北方止，在这136年间，他们陆续在北方建立了十几个国家，与南方的汉族传统政权东晋相对峙。其间汉人也曾在北方先后建立了几个小国。史家把这段时间内，在中国境内汉族传统政权版图以外地区建立的国家，统称为"十六国"。这种说法是因袭北魏时崔鸿撰写"十六国春秋"而来。

十六国的名称是匈奴族所建的前赵（刘氏）、北凉（沮渠氏）、夏（赫连氏）；羯族所建的后赵（石氏）；鲜卑族所建的前燕、后燕、南燕（以上3国均慕容氏所建）、西秦（乞伏氏）、南凉（秃发氏）；羌族所建的后秦（姚氏）；氐族所建的前秦（苻氏）、后凉（吕氏）、成汉（李氏）；以及汉人所建的前凉（张氏）、西凉（段氏）、北燕（冯氏）。在同一时期，常有两个以上的国家并立，但从无十六国并立的事。

永嘉乱后胡族在荒圮的帝国废墟上竞行建国。他们的兴衰约可分为五期：第一是赵、蜀和东晋三国鼎立时期。中原迭为匈奴刘氏的前赵与羯族石氏的后赵所据，氐族李氏所建的成汉则僻据巴蜀，与偏安江南的东晋政权相对抗。第二是前燕、前秦与东晋鼎立时期。鲜卑慕容氏的前燕与氐族苻氏的前秦分据北方，南方仍为东晋。第三是前秦与东晋对峙期。前秦苻坚灭前燕，统一北方，号称极盛，与东晋南北对峙。第四是后秦、后燕与东晋鼎立时期。苻坚发动南侵，败于淝水，北方再度分裂为诸国并立状态，其中以鲜卑慕容氏的后燕及羌族姚氏的后秦最强。第五是北魏、夏、凉与东晋并立时期。北方诸胡混战，东晋刘裕发动北伐，灭南燕、后秦等，旋即退兵。北方复陷于分裂局势，匈奴赫连氏屡据关中，鲜卑秃发氏的南凉与匈奴沮渠氏的北凉迭据西北。同此时期，鲜卑拓跋氏厉行复国运动，建立北魏，渐有统一列国，结束“五胡乱华”之势。

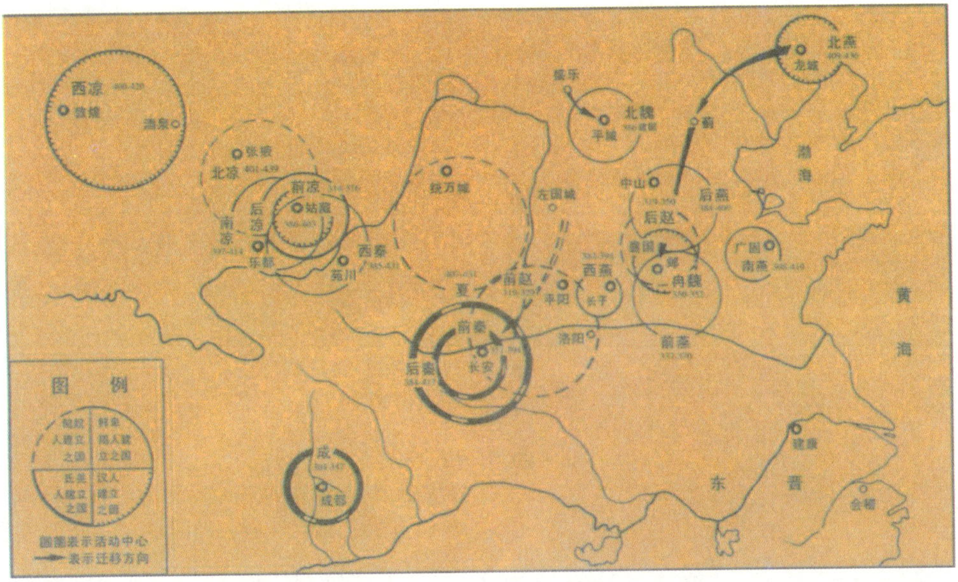

◎五胡十六国分布形势图

南北朝

大事纪

公元421～公元576

● 公元421～439年

● 公元421年
沮渠蒙逊破敦煌，西凉亡，西域诸国皆附于蒙逊。

● 公元431年
西秦亡。北魏以沮渠蒙逊为凉州牧、凉王，史称北凉。

● 公元438年
北燕亡。

● 公元439年
北魏灭北凉。

● 公元479～550年

● 公元479年
萧道成建齐，为齐太祖高皇帝，宋亡。

● 公元502年
萧衍称皇帝，是为梁高祖武皇帝，齐亡。

● 公元534年
北魏分东西。

● 公元550年
高洋篡东魏建北齐。

公元551年
侯景之乱。

公元555年
梁王察称帝于江陵，改元大定，称藩于西魏，史称后梁。

公元556年
西魏恭帝“禅位”于宇文觉，北周立。

公元557年
陈霸先建陈；《玉台新咏》编成。

公元551～557年

公元564～576年

公元564年
北齐律成。

公元568年
北周与突厥联姻。

公元576年
北齐亡。

刘裕篡晋建宋

晋元熙二年（420年）六月，刘裕称帝，改国号为宋。刘裕（363年—422年），字德舆，小名寄奴，原籍彭城（今江苏徐州）。其曾祖刘混，永嘉之乱时渡江居于丹徒的京口（今江苏镇江），至刘裕时家境已衰败。刘裕起初投奔北府军，靠平定桓玄之乱而官至侍中、车骑将军，逐渐掌握东晋王朝的军权。东晋义熙六年（410年），刘裕率军北伐平定南燕，受封为太尉、中书监，执掌朝权。此后四五年间，刘裕相继除掉刘毅、诸葛长民、司马休之等政敌，然后，他第二次北伐，克复关中，以功于义熙十四年（418年）受封为相国、宋公。至此，刘裕取代东晋的条件已经成熟，便于晋元熙二年（宋永初元

◎刘裕像

◎南北朝形势图

年，420年），刘裕拿着自己手下拟好的禅位诏，让晋恭帝抄录，“恭帝欣然操笔，书赤纸为诏”。14日，刘裕筑坛于南部，登上皇位，国号宋，是为宋武帝。宋武帝改元永初，平定建康（今江苏南京），改《泰始历》为《永初历》，废晋恭帝为零陵王。次年6月，派人将他毒死，开了杀“禅让”退位者的先例。至此，历时104年，共11帝的东晋王朝结束，南北朝时期开始。

北凉灭西凉

西凉嘉兴四年（420年）七月，北凉攻破西凉都城酒泉，西凉灭亡。北凉为卢水胡人沮渠蒙逊于隆安五年

◎太武帝东巡碑。载魏太武帝东巡恒山北行而归，经易州御射示威群臣之事。

（401年）所建，都于张掖。412年，蒙逊称河西王，改元玄始。蒙逊即位后，曾屡败西凉李氏，与西凉积怨很深。义熙十三年（417年），西凉李暠病死，其子李歆嗣位。此后，李歆大兴土木，屡征民役，并于嘉兴四年（420年）七月，不听劝阻，亲自出兵讨伐北凉。而此前北凉也已有灭李氏之心，为诱西凉，故意扬言南讨西秦。李歆果然上当，带兵来攻。蒙逊派兵伏于边境，大败西凉军队，并击杀李歆。蒙逊乘势西进，占领酒泉。李歆弟敦煌太守李恂闻讯后，守据敦煌自称冠军将军、凉州刺史，继续与北凉对抗。421年3月，蒙逊发兵2万，围攻敦煌。蒙逊在城外三面筑堤，以水灌城。敦煌城失陷，李恂自杀身亡。蒙逊占有西凉之地后，号令严明，秋毫不犯，西凉旧臣有才望者，一律加以录用。由于蒙逊安抚有方，西凉地区虽经变乱，但社会稳定，国泰民安。

◎北魏山水画像两幅。“魏晋以降，画山水或水不容泛，或人大于山。”（张彦远语）。

刘裕死，拓跋魏攻宋

永初三年（422年）五月，宋开国皇帝刘裕病死，终年60岁。同月，年仅17岁的太子刘义符即皇帝位，是为宋少帝。司空徐羡之、中书令傅亮、领军将军谢晦、镇北将军檀道济为辅佐大臣。正当刘宋王朝处于接权换代的时候，北方拓跋魏却虎视眈眈。他们见宋嗣帝年少识浅，国内军心、民心不稳，认为有机可乘，遂扣留刘宋使者殿中将军沈范、索季孙，并于九月派扬州刺史、司空奚斤，交州刺史周几，广州刺史公孙表等，率大军分道南下，攻击刘宋司、豫、兖等州。十月，原东晋宗室司马楚之在陈留举兵响应魏军，被魏委为荆州刺史，也率军侧击刘宋。

这时，奚斤等已渡过黄河、围攻滑台（今河南滑县东）。十一月，

◎屏风人物（部分）。两幅皆以两株槐树和两组假山作背景。为较早的人造园林绘画。

魏军攻破滑台，刘宋守将东郡太守王景度逃走。魏以成皋侯苟儿为兖州刺史，戍守滑台。其余各军乘胜南下夹攻虎牢（今河南荥阳汜水镇）。与此同时，魏明元帝经略南边的布局已全面展开："黑矟将军"于栗引兵3000人已屯据河阳（今河南孟县西），谋取洛阳；叔孙建从东路进军，渡过黄河，屯于碻磝（今山东东阿西北），以攻兖州。中原全线告急，刘宋急派南兖州刺史檀道济等率军北上增援。永初四年（423年）正月，于栗攻克金墉，刘宋守将河南太守王涓之逃走。金墉不守，洛阳也随即沦陷。同时，在叔孙建的进攻下，刘宋兖州刺史徐琰也弃城南逃。至此，泰山、高平、金乡等郡相继陷落。三月，许昌又失守。四月，拓跋嗣亲临成皋，指挥奚斤、公孙表等围攻虎牢。宋虎牢守将毛祖德据城固守，从城内凿地道出城外，然后派兵出城掩袭魏军背后，焚烧魏军攻城用具，魏军大惊。祖德守城200余日，无日不战，最后因魏军断绝虎牢水路，城中人马渴乏，无力抵抗，虎牢才被魏军攻陷，毛祖德被俘。五月，拓跋嗣染病，停止南侵，返回平城。刘宋援军檀道济等闻信，也停止北上，返回广陵。这次南北战争，北方大获全胜，南方一败涂地。宋司（今河南淮河以南、湖北大洪山东）、豫（今河南东部及安徽西北

部）、兖（今河南东北部、山东中西部）诸郡县尽归北魏所有，而刘宋王朝只好将防线收缩到淮北。南北对峙，呈现出北方稍占优势的局面。

吐谷浑灭夏

胜光四年（431年）六月，大夏灭亡。赫连勃勃称王后，连年攻伐，并于晋义熙十四年（418年）进据长安。宋元嘉三年（426年），勃勃第五子赫连定继称皇帝于平凉。宋元嘉八年（431年），赫连定侵入西秦，西秦向魏求援。未及魏出兵，西秦王乞伏暮末便被赫连定斩杀。因惧怕北魏逼侵，赫连定驱使俘获的西秦民众10余万人，准备渡过黄河袭击沮渠蒙逊，夺取北凉土地。吐谷浑王慕派慕利延、拾虔率3万骑兵半途埋伏，等到夏兵渡至河中时，突然发兵袭击，大败夏军，生擒夏王赫连定，并将其押送北魏，大夏灭亡。夏自晋义熙三年（407年）建国，至魏神䴥四年（431年）灭亡，立国35年，共3主。

◎北魏酱黑釉陶马

◎北魏透雕铜饰。铺首下部为一圃目高鼻、双角上翘的兽面，双角之上为双龙对称交错。双龙间有一立佛双手叉腰，双臂支撑着龙的头部及前爪，分腿踏踩于双龙尾部。整体呈方形，造型生动，形象逼真。

山水园林大量涌现

魏晋南北朝是中国园林发展的转折阶段，也是山水园林的奠基时期。

晋室南迁，中原人士大量逃亡江南，他们于离乱颠簸之际，在风清物丽的环境之中过着安逸闲适的生活，他们尽情享受大自然的美，以文学艺术讴歌，以园林艺术再现。建康、会稽、吴郡等士族聚居之地，私家宅园和郊区别墅相继兴起，都城建康兴建苑园之风最甚。帝苑以华林、乐游两园最为著名，大臣私园多靠近秦淮、青溪二水。东晋时，纪瞻在乌衣巷的宅园、谢安的园林都以楼馆林竹而著

◎北朝白瓷莲瓣罐

称；而吴郡顾辟疆的园林则因王献之的遨游而闻名于世。南朝园墅也很兴盛，名士戴颙在吴下聚石引水，植林开涧筑园；齐刘勔在钟山南麓建园以邀友人聚会。与此同时，开始出现园林小型化的倾向。梁徐勉在东田自建小园，并认为“古往今来……不存广大，唯功德处，小以为好”。北周庾信也建小园，并以《小圈赋》闻名后世。自两人始建小园，随之而来便形成一股建小园、小池、小山之风。北朝造园活动不亚于南朝，《洛阳伽蓝记》中就记载了北魏都城洛阳许多贵族官僚的园林，突出的有司农张伦园、清河王元怿园、侍中张钊园、河间王元涤园等。政局的变乱曾使洛阳一些王公贵族的住宅成为佛寺，宅园也成为守中园林，因此在风格上并无区别。

中国园林山水是凝聚了中国文化特质的一种独到艺术，在南北朝时期已形成稳定的创作思想和方法，多向、普遍、小型、精致、高雅和人工山水写意化，是本时期园林发展的主要趋势，并且作为一种基本风格影响着后世园林艺术的发展。

宗爱专魏杀帝

北魏太武帝拓跋焘在450年率大军南征宋国，死伤大半。拓跋焘对外用兵的失败，加剧了宫廷内部斗争。中常侍宦官忌恨太子晃监国，编织罪名构陷太子亲信道盛，令太武帝怒斩道盛，太子晃终日忧虑并于451年六月病死。后来太武帝知道太子无罪，懊悔不已。宗爱怕遭诛杀，在452年二月先下手弑帝，后又设计捕杀左仆射兰延及秦王翰等人，拥立与其关系甚好的南安王拓跋余，改元承平。宗爱被封为大司马、大将军、太师，都督中外诸军事，领中秘书，封冯翊王，

◎北魏牛车。观之会使人自然联想到前有导骑，后有护卫，浩浩荡荡出行的仪仗场面。

◎北魏石棺床。整个石床雕刻内容丰富，线条流畅，技法纯熟。

◎观音菩萨头像。六世纪的观音菩萨头像，已是明显的女性形象，慈眉善目，面带笑容。

专权于北魏。拓跋余因喜欢饮酒作乐和出外打猎，不理政事，权力逐渐落入宰相宗爱手里。宗爱坐召公卿，专姿日甚，且不把拓跋余放在眼里。拓跋余对宗爱日益不满，设法削夺其权力。宗爱十分气愤，遂于十月乘拓跋余在白登山（今山西大同城东）黑夜祭祀祖先时，指使小黄门贾周等就地杀之，对外封锁消息。羽林郎中刘尼知道拓跋余被杀后，遂劝宗爱拥立皇孙拓跋濬。宗爱说：“若立皇孙，恐未忘景穆太子之事。”刘尼将内情密告殿中尚书源贺和南部尚书陆丽，共谋诛杀宗爱拥立皇孙。源贺与尚书长孙渴侯严守宫禁，刘尼和陆丽迎接皇孙入宫，并在东庙（白登山上北魏的祖庙）大呼：“宗爱杀南安王，大逆不道，皇孙已登大位，宿卫之士皆还宫。”众呼万岁，并逮捕宗爱、贾周。拓跋濬登永安殿即位，改元兴安，是为高宗文成皇帝。文成帝传令诛杀宗爱、贾周，并夷其三族。

货币经济陷入低潮

三国时期，军阀割据，兵家纷争，战乱频繁，全国经济遭到了极大的破坏。秦汉即已发展的货币经济在这一时期受到重创，陷入低潮。北方经济由货币经济倒退回自给自足的自然经济状态，钱币作用不大，人们使用谷帛等实物货币进行交易。南方孙吴政权经济虽然发展较快，曾以孙氏大钱作为交易货币，但由于江南大庄园的形成，也以自然经济为主，使用

◎北魏画像

◎北魏石棺床(局部)

更多的仍是实物货币盐和布。这些实物货币不具备金属货币的诸多优点，其弊端日益显露，营私舞弊者屡禁不绝，造成经济极大混乱，统治者几次发行金属钱币都由于经济条件不成熟而未被广大人民接受。十六国时，石勒曾铸“丰货钱”强制发行，但人们缺乏钱币观念，新钱难以流通，以至于大大贬值。为扭转这种局面，石勒以绢换钱企图抬高钱价，但百姓趁机贱价买绢、高价出售，结果新钱地位没有提高，反而造成政府亏损，新钱仍然未能推行。这表明由于长期不用钱币，人们失去用钱的需要，观念上反而不接受金属货币了。

北魏统一后，社会经济缓慢恢复，但商品经济和货币经济的恢复步伐更慢，北方仍以实物为流通货币，造成极大的不便。北魏孝文帝曾铸“太和五铢”钱颁行天下，但这种质地优良、使用方便的钱币仍然得不到广泛流通，除了京师一带，外地无人使用五铢钱。太和五铢钱不久后盗铸成风，货币进一步贬值，使得本来就难以流通的钱币更难流通。为抵制滥铸，庄帝曾改铸“永安五铢”，仍未解决问题，朝廷命官也参与盗铸。混乱的币制使货币经济难以发展。

东晋建立后仍在南方使用孙吴旧钱，宋、齐、梁、陈四朝则大铸新币。刘宋曾铸轻于五铢钱的四铢钱，民间盗铸成风，政府为控制盗铸改铸大钱，反而使市场更为混乱。到孝建年间，盗铸钱币质量极差，一捏就碎，人们不愿使用，只好贬值处理，币制更加混乱。政府无法控制，任由恶币流通，形成通货紧缩、物价跌落、百业萧条的局面。

萧梁武帝时，再度大量铸钱，数量之多、品种之繁成为南朝之最，有五铢、女钱、男钱等数种，一时私铸之风更兴。货币终于失去应有的作用，人们只好舍弃钱币，重新使用实物货币。

从东汉末年起至南北朝时期结束，无论在北方还是在南方，都始终是自给自足的自然经济占统治地位，货币经济总是处于低潮，没有发达起来。

◎南北朝时期出行骑马俑

宋立四学

刘宋初期，武帝和文帝都很重视教育。武帝曾下诏说："古之建国，教学为先"（《宋书·武帝纪下》）。文帝则更喜爱艺文，大力提倡学术。这些均有效地促进了刘宋王朝教育的发展。同时，他们对于教育的内容也非常注意。"四学"，即玄学、史学、文学、儒学，宋文帝下诏全国，规定各地学舍聚徒讲学均应此四学为教授内容。为了做好示范，宋文帝决定在京城请名流开讲四学。宋文帝元嘉十五年（438年）他下诏征召隐居于豫章（今江西南昌）的儒学大师雷次宗到建康（今江苏南京）讲学，并给他优厚的待遇，并在建康郊区的鸡笼山修建学馆，开馆授徒。宋文帝钦定丹阳尹何尚之主持玄学，太子率更令何承天主持史学，司徒参军谢之主持文学，雷次宗主持儒学。宋文帝还数次亲临学馆，对师生加以奖掖。因此，四学在宋国很快兴盛起来。

宋倡文教

南朝宋时，朝廷比较重视文教。宋开国皇帝宋武帝刘裕在即位后曾下诏说"古之建国，教学为先"。命各地都要重视学校教育。至宋文帝刘义隆时，这种趋势更有所发展。文帝采取的主要措施有：一、下诏全国，倡立国子学，并命各地修复战乱中被毁

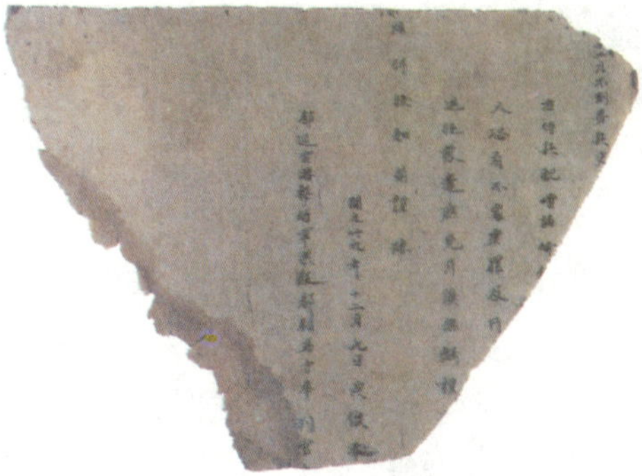

◎北朝文书

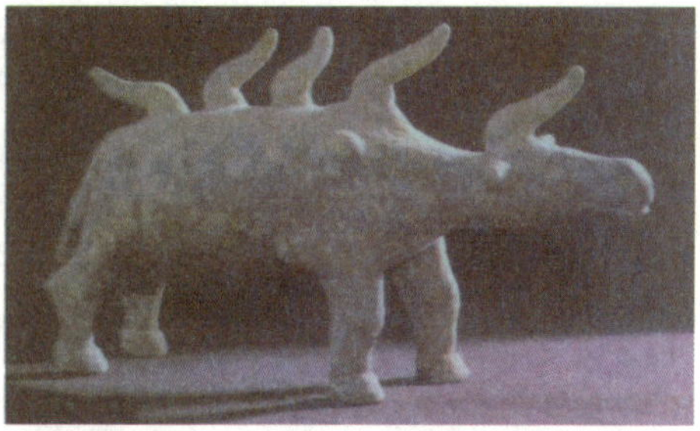

◎南朝陶犀牛。头部独角，背上有四束角状鬃毛，尾下垂，腹腔内空，系模制而成。它的原形应是犀牛。

◎北魏山水画像两幅。“魏晋以降，画山水或水不容泛，或人大于山。”（张彦远语）。

坏的学舍，召集生徒，研习学问。二、除派大臣专门负责外，自己还亲自过问文教的发展情况。据史载，元嘉二十三年（446年）九月五日，宋文帝亲自来到国子学，对59名学生进行了测试，结果使他满意，他便对老师学生大加奖励。三、修理孔庙和孔墓。元嘉十九年（442年）十二月，文帝下令鲁郡（今山东曲阜）修缮孔子庙、孔子墓及学舍，在庙墓边种松柏600株，并将孔景等五户迁到孔子墓侧，免除他们的租赋，让他们专门负责洒扫孔墓。宋文帝的这些措施，在一定程度上促进了当时的文教发展。宋武、文两帝时代，士人务学，著述颇多，这与他们的倡导是分不开的。

魏太武帝灭佛

中国佛教史上曾有北魏太武帝、北周武帝、唐武宗与周世宗下诏铲除佛教，史称“三武一宗灭法”。魏太武帝是始作俑者。

魏太武帝拓跋焘灭北凉后，曾徙其国佛教信徒（包括沮渠氏宗族及吏民）数万户到当时魏的都城平城，于是佛教在北魏境内的影响迅速扩大。但拓跋焘和大臣崔浩都崇奉道教，厌恶佛教，因而崔浩便力主灭佛，拓跋焘也有这样的意图。太平真君五年（444年）正月十二日，拓跋焘曾下诏禁止王公庶民私养沙门、巫觋，违者斩杀沙门、巫觋及主人全家。太平真君七年（446年）三月拓跋焘率军亲征卢水胡盖吴时，攻入长安，入佛寺观马，见室内有兵器，认为此物非沙门所用，定是与盖吴通谋，企图作乱，拓跋焘便命有司诛杀全寺沙门。在清理其财产时，又见寺内有很多酿酒之器及州郡官民财物，密室内还藏有妇女，对佛教就更为厌恶。崔浩乘机再进灭佛之言，拓跋焘遂于本月下诏灭佛。规定：“浮屠形象及胡经，皆击破焚烧，沙门无少长皆坑之。”“自今以后，敢有事胡神及造形象泥人、铜人者门诛。”因太子晃素好佛法，故意延迟发市诏令，远近沙门多闻风逃匿，佛像经卷也多秘藏，只有寺塔遭毁无遗。

拓跋焘晚年，佛禁稍松。至拓跋濬（文成帝）即位，于兴安元年（452年）十二月十一日，正式解除佛禁。此后，佛教在北魏又长足发展起来。

南朝庶族兴起

宋孝建元年（454年）六月，宋孝武帝刘骏为控制臣下，重用寒人。

寒人是魏、晋、南北朝时期政治特权较少的一般地主。他们有些渡江较晚，有些是南方土豪，与累世做官、享有特权的门阀士族处于对立地位，亦称“寒门”或“庶族”。魏晋实行门阀政治，寒人的地位远较高门士族低下，在仕途上官至郡守已是顶峰，在封建政治中毫无前途可言。自东晋末年以刘裕为代表的寒门庶族透过领兵打仗建立刘宋政权后，寒族地方的权势逐渐上升，但大多数只能以军功为将帅，或作为皇帝爪牙出任宗室藩镇的典签，进入朝廷政治中枢的希望仍然不大。

宋孝武帝刘骏以平乱登帝位，终非法定接班人，时有不安之感。公元454年二月，江州刺史臧质等拥荆州刺史南郡王刘义宣反叛，经百余日始平定。刘骏对藩镇强大、宗室权重十分担心，为了有效地削减宗室藩镇的地盘和权力，在六月下令从荆、湘、江、豫四州分出八郡，另设置郢州，

◎金铜佛坐像。此像刻有元嘉十四年(437年) 五月一日佛弟子韩谦为父母妻子兄弟造像之铭文。

并果断裁省去几百年来一直作为真宰相职衔的录尚书事，将权力集中到宫掖。他不再信任大臣，而是收罗寒人为心腹，任用山阴寒人戴法兴、鲁郡“人士之末”巢尚之为中书通事舍人，放手让他们参与百官升迁、赏罚等机要事务，“凡选授诛赏大处分，上皆与法兴、尚之参怀”，以致刘骏死后，太子刘子业尚未亲政之际，“凡诏敕施为，悉决法兴之手，尚书中书无大小，专断之”。民间戏称戴法兴为“真天子”。从此，寒人在中央政权中参与机密、出纳王命成为制度。宋明帝刘彧当政时，任用寒人阮佃夫、王道隆等为中书通事舍人，权势比戴法兴、巢尚之更为显赫。齐、梁、陈三朝一脉相承。萧齐的刘系宗、吕文度、茹法亮，梁代的周舍、朱异等，都没有一个是出身于高族望门，但他们“权倾天下”，特别是中书通事舍人朱异居要职三十多年，“方镇改换，朝仪国典，诏诰敕书，并兼掌之”。因此，南朝寒人干政自刘骏时代始。

中国丝织技术传入波斯

到公元五世纪，中国的养蚕缫丝织造技术已有三千年以上的历史，特别是汉以后陆上和海上丝绸之路的开辟和兴盛，更使它成为世界各国欣羡垂涎的秘密，成为中国长期以来联系并影响世界的专利。

东汉初期，葱岭以东的于阗国王为取得中国养蚕的奥秘，特意向东国（于阗以东的鄯善国，今新疆若羌）求婚，得到应允后，便派密使转告东国公主，要她在下嫁时将蚕种带出国境，好在于阗养蚕产丝，制作丝服。当时东国禁止蚕种出境，关卡检查极其严密。东国公主下嫁时将蚕种、桑种藏在帽絮里，靠特殊的身份才逃过查验，把蚕桑的种子带到于阗。于是，从一世纪起于阗开始栽桑养蚕，初步建立了自己的丝织业。

至此，中国长期保守的丝织技术终于走出国门。于阗这个佛教在葱岭以东的传导中心，又成了蚕桑的新兴培育基地。后来，葱岭以东的龟兹、疏勒在四至五世纪也有了当地的丝织业，能自己织造华贵的锦缎。在它们的影响下，至迟在五世纪中叶，波斯也获得了养蚕丝织技术，能织造华美的锦绮绫纨。《梁书》记载波斯人结婚时，新郎新娘都要穿金线锦袍、师子锦裤，戴天冠。可见南朝梁时，波斯早已是锦绣之国。在获取中国的养蚕丝织技术的过程中，波斯非常频繁地派使节与中国通好。公元455年波斯和疏勒的使者一起来到平城，公元466年又和于阗使者一起抵达北魏首都，公元518年和龟兹使节一同来中国，波斯与已发展了养蚕线织技术的于阗、龟兹、疏勒等国过往甚密。可知在中国丝织技术传入波斯的途中，这些邻近中原王朝西北的小古国确实产生了相当的作用。

中国丝织技术传入波斯，对于主要占据欧洲的罗马帝国是个莫大的刺激，拜占庭也决计要摆脱波斯对进口中国丝绢的操纵，重振本国的丝织业。公元552年，在两位印度僧侣的帮助下，从赛林达（新疆）获得了中国本土的蚕子和桑树，于是欧洲的土地上第一次出现了中国家蚕和桑树，使六世纪的拜占庭成了“人务蚕田”的农桑国家。中国的养蚕缫丝丝织技术自此在欧亚大陆上繁盛、发展，这无疑是中国对世界的巨大贡献。

云冈石窟开凿

北魏和平元年（460年）起，北魏沙门统昙曜于平城武州塞开凿石窟。

沙门统昙曜经北魏文成帝同意，始于平城（今山西大同）西面的武州塞即云冈开凿石窟。统昙曜开凿五窟，后世称为“昙曜五窟”，均为穹隆顶椭圆形平面，仿天竺草庐式。

统昙曜力主开窟造像，除了为皇室祈福、讨好君主之外，另一个主

◎第二十窟主佛及东立佛

要目的，是为了驳斥那些说“胡本无佛”的言论，而宣传佛教渊源久远，传世无穷，从而将教权的利益和王权的利益紧紧相联。因而统昙曜五窟的主要题材尽是宣扬佛教传世久长的过去、现在、未来三世佛。另外，当时云冈石窟所在的灵严守规模巨大，可容数千人，所以，雕造三世佛、释迦、弥勒和千佛诸像，开凿巨大的窟室，也可能是为了广聚沙门同修禅法之用。

到孝文帝即位时（471年），国内民族冲突和阶级斗争规模愈来愈大，而皇室贵族的崇佛佞佛风气也愈演愈烈，常常不惜毁家破产以资给佛事。孝文帝的祖母太皇太后冯氏笃信佛法，她干预政务十余年，也将佞佛风气吹遍全国。从此，云冈石窟再也不限于皇室开凿，一般的官吏、僧尼、地

◎云冈石窟第二十窟主佛

主皆可出资营建，云冈石窟成为北魏都城附近佛教徒的重要宗教活动场所。

金铜佛像进入全盛时期

迄今发现最早纪年的铭金佛像，是现藏美国洛杉矶市亚洲美术馆的后赵石虎建武四年（338年）雕造的一尊鎏金铜坐佛像，它结跏趺坐，双手做叠压禅定式，长长的杏仁眼，方圆脸形以及规整的垂中平行衣饰，高肉髻，在形式上直承汉末四川陶佛像，形体与衣纹的左右对称，也是西来佛像中国化的具体实例，被认为是中国式佛像的早期形态。

北魏早期，赫连族攻入佛学中心长安，灭佛杀僧，著名高僧鸠摩罗什的高徒白脚禅师来到平城（山西大同）受到魏武帝的礼遇。北魏灭北凉（439年）后，把凉州具有高超技艺的工匠虏掠到平城，同时也俘获了大批僧人，平城成了北方的政治文化及佛教中心，金铜佛像从此被大量制造，今存北魏太平真君二年（441年）赵通造金铜佛像，太平真君四年（443年）金铜佛立像，是太武帝废佛前的代表制品，形式古朴。出土于河北石家庄的鎏金铜造像，分伞、佛像、座三部分，是十六国以后保持最完整的一座。河北省博物馆收藏的另一件金铜坐佛像，造型浑圆，而造于太平真君十一年（450年）的金铜坐像，古朴之气息渐失而趋向写实，两手不再拱置于胸腹间，而是改为右手施无畏印，左手置于膝上。衣纹下垂作椭圆形线，衣裾下缘下垂到座的上部，这是新的发展。

无论在南朝还是北朝，金铜造像规模形制都十分宏大，艺术技巧也日臻完善，从而使金铜造像完全中国化并达到全盛期。

祆教传入魏上层社会

北魏和平二年（461年）九月十五日，波斯国（今伊朗）遣使至北魏朝贡。从此以后，波斯又多次遣使献贡，波斯的正宗祆教也由之传入北魏上层社会。

祆教原是公元前600年至前500年波斯人索罗亚斯德所创。该教认为：世界有善恶二道，善道清净光明，恶道污浊黑暗，二者不断相互争斗，善道最终必定战胜恶道。同时又认为，火和光是善道的代表，教徒必须崇拜火，祭祀天上的日月星辰等等。因其拜火，所以称其为拜火教，又因其祀天，所以又称其为祆教。

祆教很早就在中原民间流传。三国时期，佛徒维祇难从天竺来中国传教，据说他本是祆教徒，后感佛法无边，便皈依佛门。十六国时期，高昌、邺城、陈留等地都有名为“胡天”的祆教祭祀场所（陈留的“胡天”至赵宋仍存，名为祆神庙），还

◎北朝佛头。此佛头肉髻平缓，面相较瘦削，秀骨清像，是北魏后期典型的形象。

发生过由刘弘、刘光等领导的几次祆教起事事件，可惜祆教当时却不为官方所知，直到和平二年这一天，北魏君臣才从波斯使者那里了解了祆教。从此，祆教在北魏上层受到重视。（灵）胡太后信奉祆教，曾经“废诸淫祀，而胡天神不在其列”。北齐、北周时期，祆教仍受到重视，很多皇帝都信仰祆教。北魏、北齐时，政府还特设“萨甫”专门管理祆教徒事务。

谱写家史盛行

从东汉到魏晋南北朝时期，门阀制度对社会政治生活影响越来越大，成为一种特殊的政治现象。世家大族把持国柄，王朝更迭频繁混乱，皇权

◎北朝六边形对鹿剪纸

卑落，政局腐败。这个时期的重要官吏选拔制度——九品中正制也逐渐形成忽视才德、只重家世的择人标准，成为构成门阀制度的重要组成部分。一方面，作为豪强世族显赫于世的副产品，家史是一种结果；另一方面，家史又进一步强化了门阀制度这一怪胎的存在。

家史是记载一个家庭历史、世系的书籍，又分为家传和家谱两种形式。家传重在记述家族的历史沿革和家族人物的某些事迹及言论；家谱则主要记载家族的血缘关系、承传状况和繁衍过程。《隋书·经籍志》杂传类自《李氏家传》以下，至《阿氏家传》止，共著录家史29种，多为西晋南北朝人所撰，如《王朗王肃家传》、《太原王氏家传》、江祚《江氏家传》、裴松之《裴氏家传》、曹毗《曹氏家傅》、范汪《范氏家传》、纪友《纪氏家传》、明粲《明氏世录》、王褒《王氏江左世家传》等等，可见当时家传编修之盛。

鲍照发展乐府诗

鲍照（414年？—466年），字明远，东海（今江苏省涟水县北）人。他出身贫寒，因为向临川王刘义庆献诗而受到赏识，被任命为国侍郎；文帝时又被任命为中书会人。后来临海王子项镇荆州，鲍照是前军参军，所以世称“鲍参军”。公元466年，王子项起兵失败，鲍照为乱军所杀。在刘宋诗坛中，田园诗和山水诗占据重要的地位，而鲍照以其拟古乐府诗独步一时，与陶渊明、谢灵运并领风骚，被后人认为是刘宋时期杰出的诗人之一，著有《鲍参军集》传世。

鲍照现存的诗有两百多首，其中八十多首是乐府诗，广泛地描写了社会生活。最主要的内容是抨击门阀士族制度下的社会不平现象，表现了寒士阶层的强烈不满和反抗精神，代表作是《拟行路难》十八首。“泻水置平地，各自东西南北流。人生亦有命，安能行叹复坐愁！”这些诗句透出一股悲愤不平之气，表现了诗人不屈的独立人格。鲍照诗歌的另一内容是写边塞战争和征夫戍卒的生活。这些诗既歌颂了出征将士“投躯报明主，身死为国殇”的报国心态，亦对他们沙场征战的艰辛险恶报以深切同情。鲍照还有一些作品描写了丰

◎北朝门卫壁画。此门卫头戴漆纱笼冠，簪貂，著浅色宽袖衫，长须飘逸，形貌清秀文静。体现了北朝肖像画的卓越水平，极珍贵。

富细腻的感情生活，有游子思乡思亲之情，也有女性对美好爱情的追求。鲍照的乐府诗既有丰富深刻的内容，又有强烈奔放的激情，具浪漫主义色彩，形成了他“文甚道丽”的艺术风格。他在形式上也突破五言诗的局限，“不避险俗”地使用语言。他的七言诗从每句用韵的“柏梁体”中解放出来，恢复了中国诗歌上隔句用韵的自然方式，且可自由换韵，为后来文人七言诗的发展确定了形式，为百余年后的唐诗之盛开拓了道路。

中国历史上第一次均田制

北魏太和九年（485年）十月，北魏行均田制。

北魏王朝建立以前，北方地区经历了长达一百三十余年的战乱，大量的肥田沃土成为无主荒地，因此每一新的王朝手中总握有大量的国有土地，使均田令的颁行有了基础。

北魏王朝建立后，国有土地的经营除军屯外，还以部落为单位并从新占地上迁移劳力到京城附近开荒，使用计口授田的方法，发展农业生产，增加国家粮食收入，这就是均田令施行的实践基础。北魏工朝建立后，政权较稳定，有些荒地的原主人与新主人关于土地所有权的争执及其他类似问题出现，就更推动了均田令的颁行。为了限制豪强地主对土地的兼并，恢复小农经济，增加封建国家的

◎北朝释迦像，白石雕刻，是中国佛教艺术在演变和发展过程中，根据民族传统所作。它已经同南北朝早期佛像清瘦质朴的风格有很大差别：释迦佛像气度雍容，表现了明澈、智慧、慈祥的神情。

财政收入，入主中原的鲜卑族将平均分配耕地的农村公社残余和地主土地所有制结合起来，由李世安首倡，于438年由孝文帝下诏推行均田制。

均田制是北魏政权在奴隶制残余形态特别严重的特定历史条件下实行的一种土地分配制度，是封建土地所有制的一种补充形式。它确定了鲜卑贵族和中原地区汉族世家大地主占有大量桑田的合法性，并把均田农民束缚在土地上，使游离的劳动力重新和土地结合起来，扩大自耕农的数量和政府的纳税面，推动了农业生产的发展和北魏政权封建化的进程。

阚氏高昌建立

南朝宋大明四年（460年），柔然灭沮渠氏，以阚氏伯周为高昌王。阚氏是高昌（今新疆吐鲁番东南）汉族大姓，十六国末期其首领阚爽在柔然帮助下占据高昌，自任太守，宣布脱离北凉统治。442年沮渠无讳率北凉残部重占高昌，阚爽率族人逃往柔然避难。次年，沮渠无讳自立为凉王，此为高昌地区建国之始。460年，柔然国势比较强盛，处罗可汗决定帮助阚氏复国。11月，柔然派遣大军南下攻克高昌，杀死沮渠无讳的继承人沮渠安周，帮助高昌阚氏重返家园。此时阚爽已死，柔然遂立阚氏族人阚伯周为高昌王，此后以高昌为国号，亦称“阚氏高昌”。阚伯周建立“阚氏高昌”后，对外彻底断绝与中原王朝的官方关系，而以柔然为保护国，并长期使用受罗部真可汗的“永康”年号；对内发展地方经济，崇尚汉族文化传统，信奉佛教。“阚氏高昌”自阚伯周开始，中经阚义成，最后传至阚首归共传3世，合31年，于491年被高东所灭。

◎高昌国故城遗址

◎北朝陶女立俑

北魏开凿龙门石窟

北魏太和十八年（494年），魏孝文帝迁都洛阳，平城佛教僧众、能工巧匠齐集洛阳，开始大规模为北魏皇室贵族开窟造像，逐渐取代云冈石窟成为中心，之后历经各朝营建，龙门石窟遂成为规模宏大的石窟群。

龙门石窟为中原地区的大型石窟群，位于洛阳市郊伊水两岸，这里两山相对，如斧劈开，伊水从中北流，形似门阙，故古称“伊阙”，因古代地处隋唐都城之南，又称龙门。龙门石窟的开凿是从北魏太和十二年（488年）北魏宗室比丘慧成开凿古阳洞开始的，龙门石窟共有大小窟龛两千二百多处，造像约十万尊。其中北魏时期开凿的有代表性的窟龛有古阳洞、宾阳三洞、莲花洞等。

龙门石窟的三分之一是在北魏开凿的，三分之二是在隋唐完成的。

◎龙门石窟北魏时期古阳洞全景

◎龙门石窟北魏时期宾阳中洞北壁立佛

◎龙门石窟北魏时期古阳洞南壁上层孙秋生等造像龛

◎北朝武士壁画

龙门石窟继承了云冈石窟的艺术和风格，且不断发展和创新，使之更具有民族特点。

魏孝文帝主张汉化

魏孝文帝迁都洛阳后，极力主张汉化，并进行了一系列的改革措施，以加速汉化。

太和十八年（494年），孝文帝派中书监高闾治古乐。十九年（495年）四月，孝文帝至鲁城（今山东曲阜）亲祠孔子。不久，改革官制。魏初，鲜、汉官号杂用，迁都后，孝文帝用王肃改定官制，一依魏晋南朝制度。

太和十九年（495年）五月，孝文帝又禁胡服、禁鲜卑语。鲜卑旧俗披发左衽，妇人冠帽着夹领小袖短袄，孝文帝下令禁胡服，服装依汉制。原来鲜卑人使用本族语言，北魏军中也是用鲜卑语，朝廷上则鲜、汉语杂用。孝文帝早就想禁止其他各族语言，以汉语为唯一通用语言。太和十九年（495年）六月，孝文帝正式下诏："不得以北俗之语，言于朝廷，若有违者，免所居官。"在具体施行上，因为三十岁以上的人不能一下子改变，尚不强求；三十岁以下的，在朝廷上必须用汉语讲话。

◎北朝武士俑。整个形体造型夸张、线条简洁、流畅，轮廓清晰，朴实生动，不失为一件难得的艺术珍品。

太和二十年（496年）正月，孝文帝又下令改姓氏。鲜卑人多是二、三字的复姓，如拓跋、独狐、步六孤等。姓名与汉人不同，标志着民族的差异，影响"胡"汉贵族合作。因此，孝文帝下令把鲜卑族的复姓改为音近的单字汉姓，如拓跋氏改姓元氏，独狐氏改姓刘氏，步六孤氏改姓陆氏，丘穆陵氏改姓穆氏等。同时，规定随迁洛阳的鲜卑人一律以河南洛阳为原籍，死后不得还葬代北。

孝文帝的汉化改制遭到一部分保守的拓跋贵族的反对。太和二十年（496年）太子拓跋恂企图逃回平城发动叛乱，被孝文帝处死。同年冬，鲜卑贵族穆泰、陆睿勾结镇北大将军思誉等在平城发动兵变，被孝文帝派兵镇压，平定了叛乱，保证了改革进行的顺利。

◎北魏孝文帝像

刘宋北伐

南朝宋元嘉二十七年（450年）七月十二日，文帝刘义隆不顾群臣反对，下诏大举北伐。

本年二月，魏太武帝亲率步骑10万，突然南下，围攻悬瓠（今河南汝南县），宋南顿太守、颍川太守相继弃城逃走。悬瓠守将陈宪，奋力抗击42天，魏攻打不下而退。尽管最终魏军撤退，但宋在这场战事中仍损失惨重，文帝为此气愤难平，决定北伐。左将军刘康祖、太子步兵校尉沈庆之都进谏劝阻，文帝不从。当年七月，文帝派宁朔将军王玄谟和沈庆之等率军北伐，而以青、冀二州刺史萧斌为帅。另派柳元景、薛安都等出弘农，而由随王刘诞节制。宋王公、妃主及朝士、牧守，下至富民，均献金帛、杂物，以助军用。又因“兵力不足，悉发青、冀、徐、豫、二兖六州三五民丁，倩使暂行”。又因“军用不充，扬、南徐、兖、江四州，富民家资满五十万、僧尼满二十五，并四分借一，事息即还”。王玄谟率水师北上，先后攻克碻磝乐安，于是进围滑台。柳元景等率军出熊耳山（今河南卢县东南），得当地武装配合，连克弘农、陕县、潼关，关中汉民及羌胡纷纷响应。九月，魏帝引兵南救滑台。王玄谟兵强马壮，却久攻滑台不下。部将见滑台城内多茅屋，建议用火箭射烧。王玄谟却说：“彼，吾财也，何烧之！”魏救兵将至，部将又请求发车为营，玄谟仍不从。十月，魏军渡河，号称百万，鼓声惊天动地。王玄谟竟慑于魏军声势，仓皇奔退，在魏军追击下死伤万余，部下逃散，军资器械委弃如山。只有前锋垣护之率领的船队，夺水路而下，除损失一船外，其他都安然退回。文帝恐慌，担心柳元景部也遭魏军袭击，急诏元景回师，关中大好形势也随之丧失。从此，宋只能各处堵击，艰苦防守，已无力对北魏发动大规模进攻了。

◎北朝兴国寺佛像。兴国寺始建于东魏，今视造像风格，该佛像当为北朝遗物无疑。

宋太子刘劭弑父自立

南朝宋元嘉三十年（453年）二月二十二日，宋太子弑父自立，改元太初。宋文帝刘义隆共有19个儿子，他最宠爱太子刘劭和次子始兴王刘浚。刘劭和刘浚恃宠，行为妄诞。因惧怕父皇知道，遂请女巫严道育行“巫蛊”，琢玉为文帝形象，埋于含章殿地下。453年正月，刘义隆获知此事，并搜得刘劭和刘浚往来的数百封信，内容都是诅咒巫蛊之言，此外还掘得所埋的玉人，遂命有司追究此事，并派人深责刘劭和刘浚，希望两人能知过而改。不料刘劭、刘浚两人不知悔改，反而继续作恶。宋文帝大怒，决定废太子刘劭，赐刘浚死，并与尚书仆射徐湛之、吏部尚书江湛商量拥立太子之事。江湛主张立四子南平王刘铄，徐湛之赞成立六子随郡王刘诞，宋文帝则倾向立七子建平王刘宏。由于意见不一，立太子之事久议未决。宋文帝还将其打算告知潘淑妃，后者又告刘浚，刘浚又告其兄。刘劭与心腹队主陈叔儿、斋帅张超之等决定抢先下手，并每夜犒劳将士，收买军心。二月二十一日，刘劭召前中庶子右军长史肖斌、左卫率袁淑、中舍人殷仲素、左积弩将军王正见一同入宫，泪流满脸地说：“主上相信谗言，将要废我。我自反省，并无罪过，我不能受此冤枉。明晨，当行大事，望大家一同出力。”次日清晨，刘劭率亲信两千多人突然从万春门入宫，伪称奉旨讨逆。张超之率数十人拔刀直上合殿，弑杀正在谋划废太子的宋文帝和徐湛之，并擒杀江湛。刘劭随后下令百官入宫，矫称徐湛之、江湛弑逆，已被诛杀，并宣布即位，改元太初，大行封赏。

◎北齐娄睿墓壁画《出行图》

宋孝武帝刘骏即位

南朝宋元嘉三十年（453年）三月十七日，宋武陵王刘骏进兵建康讨伐刘邵。

宋武陵王刘骏是宋文帝三子，领江州刺史，屯驻五洲。宋太子刘劭弑帝自立后，修书令大将沈庆之设法杀掉刘骏。沈庆之将此事告诉刘骏，刘骏于3月17日戒严誓师，以沈庆之为领府司马，襄阳太守柳元景、随郡太守宗悫为咨议参军领中兵，辅国将军朱修之行平东将军，颜骏为咨议参军，兼总内外。22日，刘骏正式出兵，行军两天到达浔阳。27日，刘骏命颜骏传檄四方讨伐弑帝的刘劭，得到各州郡的响应。南谯王刘义宣、司州刺史鲁爽、隋王刘诞、宣城太守王僧达以及国戚勋臣臧质都举兵伐诏。刘劭自恃一向习武，对刘骏举兵不加重视，当各州郡群起响应刘骏后，刘劭才害怕起来，忙同肖斌等人商议退敌之策，并焚烧淮南船只和民房，将百姓驱迁淮北。4月1日，讨劭各军在中兵参军柳元景率领下向建康挺进，并传书朝中大臣陈述刘劭之罪行及讨劭之必要。21日，柳元景率部至新亭，依山为垒。22日，刘劭命肖斌统领步军、褚湛之统领水军，会同鲁秀、王罗汉、刘简之部共精兵1万人攻打新亭，自己则登上朱崔门督战。柳元景、鲁爽率军大败劭军，斩刘简之、伤肖斌。刘劭逃回宫中，兵士溺毙于

◎北齐车马人物壁画

◎北魏元桢墓志铭，其中“元”即汉姓。这是迄今发现最早的方形墓志，又是隶书向楷书转变时期的代表作，为北魏墓志中的精品，历来受人们的珍视。

秦淮河者甚众。26日，武陵王刘骏抵达新亭，大将军义恭上表劝进。27日，刘骏即皇帝位，实行大赦。5月1日，臧质率2万雍州兵至新亭，讨劭各军共围建康。刘劭派军沿秦淮河构筑防线，但抵挡不住讨劭各军的攻击，王罗汉投降，肖斌欲降但为刘劭斩首。3日，朱修之攻克东府，次日，各军攻克台城，进入皇宫，擒杀王正见、张超之等人。刘劭仓皇穿越西垣，藏在武库井中，终被讨劭军抓获并斩于军门。刘浚在南逃路上被义恭杀死。刘劭、刘浚两人的妻妾子女大多被俘杀。严道育被鞭杀、焚尸而扬灰于江中。刘劭弑父窃位不足3月终告失败，刘骏率师讨兄荣登皇位。

刘宋爆发内战

南朝宋泰始二年（466年）正月，明帝的侄儿江州刺史晋安王刘子勋在浔阳称帝，改元义嘉。

刘子勋是前废帝的弟弟，排行第三，时任江州刺史，驻浔阳。前废帝暴虐时，曾遣使送毒药赐子勋死，子勋手下长史邓琬劝年仅十岁的子勋起兵，还没及行动，前废帝已为明帝刘彧所杀。

湘东王刘彧在其弟建安王休仁、山阳王休佑拥立下称帝，是为明帝，而此时邓琬已将起兵之事准备妥当，不愿停止。于是邓琬以为：刘子勋排行第三，与文帝、孝武帝排行相同，而从浔阳起兵，又与孝武帝以江州刺史入登大位相同，天意如此，事必有成。这样，邓琬就诈称受路太后玺书，拥刘子勋于浔阳称帝，起兵与刘彧夺取江山。刘子勋的弟弟郢州刺史安陆王子绥、荆州刺史临海王子顼，会稽太守浔阳王子房等，在长史支持下，都起兵响应子勋。

之后，雍州刺史袁顗、徐州刺史萨安都、冀州刺史崔道固、青州刺史沈文秀、幽刺史刘休宾、兖州刺史华众敬、梁州刺史柳元怙、广州刺史袁灵远、益州刺史萧惠开等，皆支持子勋。一时间，刘子勋的势力异常强大。刘彧只保有丹阳、淮南数郡。然而，刘彧遇事不慌，合理分兵，适当调度，先后进讨。他命令两个弟弟巴陵王休若主持东讨、桂阳王休范主持北讨，自己坐镇建康接应。首先在晋陵、义兴一带击败会稽方面的北上军队，又进军浙江东部，生俘了浔阳王子房，取得东战场的胜利。接着，于泰始二年（466年）七月，邓琬以刘胡在安徽贵口一带与刘彧大将沈攸之相持不下，乃加袁顗督征讨诸军事。袁顗率楼船千艘、战士二万驻鹊尾。顗本无将略，性又怯懦，终日谈诗赋文，大失人心。这样，袁顗、刘胡与沈攸之在浓湖相拒。龙骧将军向沈攸之献计说：“敌据上游，兵强地胜，我方虽可自守，却难以制敌。若以奇兵出据其上，见机而动，敌则首尾难顾。钱溪最窄，实为要冲之地。”攸之赞同。张兴世于是乘夜率兵到达钱溪，截断了袁军的粮道。刘胡率军夺钱溪不胜，反为袁顗所忌恨，于是刘胡带2万兵而走，袁军大败，宋军纳降10万人，得粮30万斛。至八月，大将沈攸之攻下浔阳。子勋及诸弟均被杀，大乱略定，十二月，宋军攻克益州，内战遂平。

◎北齐娄睿墓仪卫出行图

萧道成灭宋建齐

南朝宋昇明三年（479年）三月，宋升太傅萧道成为相国，为齐公，加九锡。四月一日，又进齐公为齐王，

再增封十郡，并加齐王殊礼。宋昇明三年四月二十日，萧道成派人逼顺帝下诏禅位。二十一日，顺帝临朝，但不肯出来。太后害怕，亲自率宦官在佛盖之下找到宋顺帝。于是迫宋顺帝行禅让礼，并把他迁到东邸。宋司空兼太保褚渊奉玺绶百官到齐宫劝萧道成登位。二十三日，萧道成即皇帝位，国号齐，改元建元。是为齐太祖高皇帝。史称南齐或萧齐。降宋顺帝为汝阴王。筑宫丹阳，设卫士守之。迁宋神庙于汝阴。诸王皆降为公。宋、齐的官僚，依任旧职。建元元年（479年）六月，齐立王太子赜为皇太子。

◎萧道成像

齐建元元年四月，萧道成提倡节俭，禁宗室经营屯邸。东晋以来，由于公私田地渐被瓜分殆尽，王公贵族将注意力转移到历来作为公共财产的山林湖泽上。他们设立了名之为“屯”的专门组织，进行封山掠湖的活动。朝廷屡禁不止。到宋大明元年（457年），朝廷见禁止不行，改而采取限制的政策，规定须按官品占领山湖，官品高者占多。王公贵族暴富之后，又将财物大放高利贷，他们经营高利贷的店铺，称为“邸”。萧道成即位之初，鉴于刘宋因为奢侈而亡国，所以提倡节俭。下诏：“二宫（即上宫皇子，东宫皇孙）诸王，均不得营立屯邸，不得封山封湖为己有。”建元元年四月，萧道成又下令禁止募部曲。萧道成在位4年间，还采取一项重大措施，即督顿户籍。萧齐国与刘宋一样，为了争夺权力，宗室间不断互相残杀，因而传国不永，凡七帝二十四年。萧道成死后，萧赜即位，为齐武帝。齐武帝死后，萧道成

◎北魏北石窟寺165窟造像

的侄子萧鸾父子相继即位。他们怕萧道成及萧赜子孙夺权，便进行大肆屠杀。在齐宗室互相残杀中，萧道成的族弟萧衍在襄阳起兵，攻进建康，称帝，建立梁朝。

小人物辞典

沈约

沈约（441年—513年），字休文，吴兴武康（今浙江吴兴）人，南朝著名文学家，历仕宋、齐、梁三朝，是竟陵王门下“竟陵八友”之一。沈约是梁朝公认的文坛领袖，他不仅是有成就的诗文作家，首创了讲求声律的“永明体”，而且是学识渊博的学者，所著的《宋书》是流传至今的“二十四史”之一。

沈约改革诗歌形式主要是在格律方面。齐武帝永明（483年—493年）年间，周颙等人发现了汉字有平、上、去、入四声。沈约在周颙的发现之上，根据四声和双声叠韵研究了声、韵、调在诗句中的关系，归纳出“四声八病”的新诗歌声律论。“四声说”是要求在诗中间隔运用高低轻重不同的字音以求得音节的错综谐和，原则是“欲使宫羽相变，低昂互节，若前有浮声，则后切响；一简之内，音韵尽殊，两句之中，轻重悉异”。力求使五言诗歌“五言之中，音韵悉异。两句之内，角徵不同”。沈约还归纳了八种声韵相犯的毛病：平头、上尾、蜂腰、鹤膝、大韵、小韵、旁纽、正纽共“八病”。

沈约所归纳的诗歌声律与晋宋以后诗歌讲求对偶的形式相配合，就形成了具有格律的新体诗，称作“永明体”。新体诗是古典诗歌从比较自由的“古体”逐渐走向格律严整的“近体”的一个重要过渡阶段。

沈约对诗歌格律的倡导，促进了新体诗的发展和成熟，为后来讲究格律的“宫体诗”出现，以及唐宋时格律严整的近体诗的成熟和鼎盛打下了基础，开创了律诗发展的新时代。

◎北魏交脚弥勒菩萨

葛荣起义

北朝北魏孝昌二年（526年），葛荣杀死了谋杀鲜于脩礼的叛徒元洪业，继续率领起义军跟魏兵作战，向瀛州进发。魏广阳王深派兵追踪而来。接着，葛荣统率的起义军跟广阳王深、章武王元融的军队在白牛逻（今河北蠡县南）展开大战。起义军勇猛进攻，将章武王元融斩杀。葛荣随即自立为天子，国号为齐，建元广安。元渊见大势不妙，忙率军撤退，起义军乘胜追击，也将他俘获处死。

◎北魏石棺线刻孝子图。石棺两帮均刻孝子故事，每帮三则，共六则，皆有榜题。孝子故事题材盛行于汉代，至魏晋南北朝仍在继续。人物禽畜纯用线描，但勾勒简当，比例准确，姿态传神，且善于体现一定的空间感、体积感、质量感，已具有较高写实能力。山水木石夸张变形，富于装饰趣味，从而与人物相映衬，取得了完美的艺术效果。其刻制方法，据研究，似是在磨光的石棺上，依画稿过墨，然后在物像空隙减地，以突出物像。然后在物像上以阴线刻画，做较细致的描写。因此，画面以笔法状物传情的特点十分明显，虽为石刻，却反映了北魏时代高超的绘画水平。

◎北魏石棺线刻孝子图（局部）

葛荣打败并俘斩北魏两个宗王之后，势不可挡，北魏连连派兵与起义军作战，都遭到挫败。葛荣的部下乘势攻克殷州、冀州。在杜洛周攻下定州后，葛荣又火并了杜洛周，进而攻取沧州。这样，葛荣吞并了杜洛周所有的部队和地盘，占据了幽州、冀州、定州、殷州等州郡，起义军发展到几十万之众。魏被葛荣搅得焦头烂额，疲于应付。在葛荣起义军的影响下，各少数民族也纷纷占据险要地形，与朝廷对抗。一时间魏政权摇摇欲坠。

肖宝寅叛魏

北朝北魏孝昌三年（527年），雍州刺史肖宝寅盘踞关中（今陕西中部，渭水流域），打算谋反。当为官清正的郦道元被派作关右大使时，肖宝寅疑心是朝廷派来对付自己的，便派人将郦道元杀死在驿站。他假惺惺地收葬郦道元的尸体，上表说是鲜卑人干的，同时还在朝廷给自己辩解，说杨昱父子诬陷他。

当时的雍州行台苏湛卧病在家，肖宝寅派人去说服他跟自己一起造反。苏湛听说后放声大哭，说自己全家上百口人将要被屠杀干净，还托来人转告肖宝寅，劝他不要造反。肖宝寅一直很器重苏湛，也知道苏湛一定不会为己所用，就让他带着家人返回原籍了。

◎北魏陶牛

十月二十五日，肖宝寅占据长安，自称齐帝，设置文武百官，改元隆绪。都督长史毛遐跟他的弟弟毛鸿宾率领氐族、羌族兵马前来镇压。肖宝寅命大将军卢祖迁迎战，卢祖迁兵败被毛遐所杀。肖宝寅得到消息后十分害怕。他封姜俭作尚书左丞，当作自己的心腹。丹阳王肖赞听说肖宝寅造反，怕牵连到自己身上，连忙向白马山方向奔逃，到河桥时被魏兵抓获。魏帝知道他没有参加谋反，把他释放了，还安慰了他一番。魏朝又派尚书仆射长孙稚前来讨伐肖宝寅。这时，正逢发生了薛凤贤领导的起义，河东则有薛修义起义，东西联结响应肖宝寅。后来，肖宝寅在孝昌四年（528年）兵败，投奔万俟丑奴。永安三年（530年），魏军讨伐万俟丑奴，荡平关陇，万俟丑奴和肖宝寅被魏军俘获后囚送洛阳处死。

高欢起兵废立，控制北魏

北朝北魏普泰元年（531年），尔朱世隆等废长广王元晔，立广陵王元恭为帝，即节闵帝，改元普泰。魏镇远将军崔祖螭等聚青州七郡之众，围攻东阳；接着，幽、安、营、并四州行台刘灵助起兵，自称燕王；没多久，魏前河内太守封隆之等盘踞信都，归附高欢，悍然发难。雄据晋州（山西临汾东北）险要的高欢见时机已经成熟，于普泰元年六月在信都起兵，讨伐尔朱氏。高欢是北魏初年右将军高湖的曾孙。高欢自幼长育于鲜卑人之中，后娶妻亦为鲜卑女子；并且他自呼其名为贺六浑，这也是鲜卑名。故一般说高欢家族是鲜卑化的汉族。高欢年轻时做过函使，即信差。高欢也曾参加过破六韩拔陵、杜洛周、葛荣等的起义。从杜洛周义军中逃奔葛荣，又从葛荣军中逃奔尔朱荣，取得尔朱荣的信任，担任其亲信都督，升任晋州刺史。

◎北魏朱双炽造像

◎《隋书·律历志》关于祖冲之圆周率的记载

北魏经过大动乱，逐渐形成两大军事集团：一是以晋阳为根据地的高欢集团；一是以长安为根据地的宇文泰集团。元脩在洛阳，对事事均受高欢牵制极为不满。永熙二年（533年）三月，元脩借故杀死高欢派到洛阳监视自己的亲信高乾。从此，元脩与高欢的矛盾公开化。永熙三年（534年）五月，元脩下诏戒严，调动河南等州的军队，声言将亲率大军伐梁，实际上是企图袭击晋阳。高欢老奸巨猾，早已知情，于是先发制人，也以伐梁为名，调20万大军分道南下，直逼洛阳。元脩急忙向宇文泰求救。宇文泰当即派1000轻骑星夜飞奔洛阳，又派亲信出关候接。八月，元脩在宇文泰派来的甲骑护送下，直达长安。宇文泰备仪仗迎接，将士高呼万岁。元脩进入长安，马上大赦天下，封宇文泰为大将军，雍州刺史，兼尚书令。军国大政，尽由宇文泰裁夺。高欢进入洛阳后，得知元脩早已西奔，不由得恼羞成怒，将兼尚书左仆射辛雄、开府仪同三司叱列延庆、兼吏部尚书崔孝芬、都官尚书等一干重臣，尽行捕杀，以杀立威，力图在洛阳站稳脚跟。同时又将亲信清河王元亶立为大司马，主持政事。一方面又派人急率兵出城追击元脩，一直打到潼关，进驻华阴。元脩有宇文泰撑腰，执意不回洛阳；同年闰十二月，宇文泰毒杀魏孝武帝元脩。次年（535年）正月，宇文泰立南阳王元宝炬为帝，即西魏文帝，改元大统。自此，北魏遂告分裂。东魏政权在高欢集团把持之下，西魏政权由宇文泰集团控制。

音乐主流——江南清商乐

汉代兴起并盛行的相和诸曲，到了魏晋南北朝时期与当时民间俗乐相结合，演变成一种新的音乐品种，叫

◎北响堂第二窟正壁龛

做清商乐，又名清商曲。

作为清商乐重要组成部分之一的吴声原是建康（今江苏南京）一带的民间歌讴，现存魏晋南北朝时期的吴歌歌辞约有三百三十首，大都为晋宋时所作，多是五言四句体式，载于《宋书·乐志》、《乐府诗集》等书，有《子夜歌》、《华山畿》、《欢闻歌》、《阿子歌》、《前溪》等十几曲，内容多半从女性角度叙述爱情的欢乐，相思的痛苦或所嫁非人的苦闷。吴歌中有一独具特色的分支神弦歌，是用来祭祀神灵的，共十一曲。

西曲产生于荆、郢、樊、邓地

区（今湖北），现存当时西曲歌辞约一百四十首，大都产生并流行于南朝宋、齐、梁三代，多为五言四句体式，另有少数七言、四言，也载于前列诸书，有《三洲歌》、《采桑度》、《那呵滩》、《石城乐》、《莫愁乐》、《乌夜啼》等三十多曲，内容大都写商人思妇的离愁别恨，有的也表露了船民的痛苦与不满。

吴声、西曲一般分为歌曲与舞曲两类。吴声西曲在表演时又有“和”与“送”的部分，类似于今天的衬腔帮腔，可以使歌曲音乐结构更为完整，活跃气氛。吴声的伴奏乐器早期为篪、箜篌、琵琶，后来又添笙、筝；西曲伴奏不用弦乐器，只用吹管乐器及打击乐器如铃、鼓等。

东西魏大战于河桥、邙山

北朝北魏元象元年（538年）七月，东魏急于收回金墉及洛阳等失地，高欢派侯景、高敖曹等围攻金墉城（今河南洛阳市东），自己率大军在后面接应。侯景在战乱中放一把大火将洛阳内外房舍烧得十不存二。宇文泰率兵前来迎战，与侯景会战于河桥。战斗中，宇文泰的战马中了箭，受惊狂奔，远离了大营。宇文泰落马，恰好东魏兵掩杀过来，左右随从都被击散。幸好都督李穆机智，下马往宇文泰背上连抽几鞭，假装骂道：溃败军士，你们主帅在哪里？只你这没用的留在这里！东魏兵也就不疑心他是将帅，继续向前追杀。宇文泰捡得一条性命，于乱军中逃回，重整旗鼓，又将东魏兵打退。东魏大将高敖曹仗着兵多将勇，蛮力冲杀；西魏军拼全力将高敖曹部团团围住，高敖曹所率两万人陷入重围，全军覆灭。高敖曹单骑逃出，投奔河阳南城。守将高永乐一直跟他有仇，紧闭城门，不让他进去。高敖曹于是拔下腰刀，挖掘城墙，还没通，西魏追兵就到了。高敖曹自知难免一死，大喝一声：来！拿我的头去邀功请赏！追兵斩首而去。

东西魏河桥之战后，西魏原来得到的关东洛阳等地都被高欢夺回，东魏折一员大将高敖曹，损兵二万余；而西魏精兵也差不多丧失殆尽，西魏文帝和宇文泰都在战斗中受了兵败之惊。

西魏大统九年（543年）二月，西魏丞相宇文泰为牵制东魏兵力，接应高仲密投降，发兵进击东魏。西魏兵进到洛阳附近，三月初六日，将河桥（今河南洛阳北）南城团团围住。东魏高欢岂甘示弱，马上发兵十万，亲率迎敌。宇文泰见高欢来势凶猛，忙避其锋芒，率军撤退。宇文泰渡河之后，怕高欢追上，命人在河上游放下火船，顺流而下，欲烧河桥。高欢部下等到火船靠近，用锁链拉住，拖到岸边。桥得以保全，于是高欢军渡河，占据邙山（在当时洛阳北，黄河南），摆下阵势，等待战机。

宇文泰见状，于夜间带兵前来偷袭。哪知高欢老奸巨猾，早已料定，埋下了伏兵。宇文泰军进入伏击圈，东魏伏兵四出，冲杀过来，将宇文泰军杀得七零八落，尸积如山。宇文泰铩羽而归，一清点，损将四十八员，折士卒三万余人。

第二天，宇文泰重整旗鼓，誓报昨夜之仇。西魏军分为三路，中、右两军合击东魏军，奋力冲杀。高欢大败，军中步兵全部被俘虏。高欢自己在溃败回逃之时失足落马，部下赫连阳顺把自己的马让给高欢，于是高欢又跨上马背仓皇奔逃。西魏兵很快追了上来，高欢亲信都督尉兴庆拼死挡住，箭尽战死。宇文泰又精选三千勇士追赶高欢，但高欢仍逃脱。邙山之战，双方都损失惨重。

◎北周释迦牟尼造像。该造像采用分块式构图，以其面积的大小、形状的方长，避免了分块式构图易造成的呆板。

东西魏与柔然和亲

在北魏分裂之际，北方的柔然部势力日益强盛。东魏、西魏双方为了不致树敌过多，都向柔然献殷勤。东魏天平二年，西魏大统元年（535年），东、西魏分别与柔然和亲。东魏天平二年，柔然敕连头兵豆伐可汗阿那瓌向东魏求婚，高欢连忙封宗室常山王之妹为兰陵公主，嫁给阿那瓌为妻。柔然屡侵西魏，大统四年（538年），西魏文帝封舍人元翌之女为化政公主，嫁给阿那瓌的兄弟塔寒，自己娶阿那瓌之女为郁久闾后。柔然郁久闾后妒嫉原皇后，阿那瓌不满意，率兵渡河，要求废原皇后乙弗氏。宇文泰于是逼乙弗氏为尼，后又逼其自杀。高欢随即也与正妻匹娄氏分居，而娶阿那瓌爱女为正室。

两魏相争，柔然坐收渔利20年，直到北齐天保三年（552年），阿那瓌被突厥击败自杀，柔然势力衰落才结束。

高洋篡东魏建北齐

东魏武定八年（550年）五月初十日，齐王高洋登上皇帝宝座，改元天保，国号为齐，史称北齐。东魏高欢当政时，既定长子高澄为继承者，又培养次子高洋，以使高家权势更稳固。为避兄弟猜忌，高洋平时韬光养晦。高欢死后，高澄当政不久便遇刺身亡。于是高洋取而代之把持朝政。

东魏武定八年（550年）正月十八日，太原公高洋晋升为丞相，都督中外诸军事。三月，又受封齐王。于是有人劝高洋称帝。高洋把这件事告诉了娄太妃，太妃告诫他说：你的父兄如龙似虎，还知道帝位不能妄自占据，终生北面侍君，你是什么

◎陈文帝永安陵麒麟

◎泰山碧霞祠

人，也想称帝！高洋看到人心不一，便派高德政到首都邺城探听公卿大臣的意见，结果没有一个赞同的。徐之才、宋景业等人向高洋陈述阴阳卜筮，高德政也多次劝高洋称帝，这些人宣称应该在五月受禅接帝位。高洋大喜，于是又从晋阳返回邺。高德政详细地记录下在邺各事，一条条让高洋过目，杨愔召太常卿邢邵讨论制定礼仪，秘书监的魏收起草了九锡、禅让、劝进等文章。一切都进展顺利。文武百官看到大势所趋，没有人敢反对。五月初八日，司空潘乐，侍中张亮，黄门侍郎赵彦深等人要求入朝奏事，东魏孝静帝在昭阳殿召见他们。张亮说道：“齐王圣明仁德，老百姓都对他拥护爱戴，希望陛下效法尧、舜，将帝位禅让给他。”孝静帝无奈说道：“这件事推拖退让很久了，应当谨慎行事。”又说道，“既然这样，应该先写好制书。”中书郎崔劼、裴让之说道：“已经写好了。”于是侍中杨愔献上制书。孝静帝不得不签署，又问道：“我住在哪里？”杨愔答道：“北城那儿还有馆宇。”就这样，高洋策划的一场篡权夺位的丑剧终于大功告成。

文化小辞典

《齐民要术》

约在永熙二年至武定二年间（533年—544年），北魏农学家贾思勰著成综合性农书《齐民要术》。贾思勰是青州齐群益都（今山东寿平县）人，生卒年不详，曾任高阳太守。

《齐民要术》共10 卷92 篇，11万多字，内容极为丰富，涉及农、林、牧、副、渔等农业范畴。卷首有“序”和“杂说”各一篇。“序”是全书的总纲，“杂说”则被认为是后人所作。该书主要内容有：土壤耕作和农作物栽培管理技术；园艺和植树技术，包括蔬菜和果树栽培技术；动物饲养技术和畜牧兽医；农副产品加工和烹饪技术等。书中引用了100 多种古代农书和杂著的内容，《氾胜之书》、《四民月令》及《陶朱公养鱼经》等一些佚失著作的部分内容得以保存下来，具有重要的史料价值。

《齐民要术》系统总结了秦汉以来我国黄河流域的农业科学技术知识，其取材布局，为后世的农学著作提供了可以遵循的依据。

◎贾思勰像

◎《齐民要术》书影。成书后广为流传，版本多至20 种，并经常为其他农书援引，被誉为农业百科全书。

◎天龙山东峰第一至二窟

◎等臂秤

宇文觉建北周

西魏恭帝三年（556年），宇文泰出巡至北黄河（今内蒙古后套乌加河）得病，还至云阳宫卒。临终，将朝廷权柄交其子宇文觉，557年正月，周公宇文觉称天王，是为孝闵帝，建都长安，国号周，史称北周。闵帝年仅16岁，朝权由晋公宇文护专擅，孝闵帝欲收掌大权，政由己出。西魏大将赵贵、独狐宫与宇文泰行辈相若，对宇文护亦怏怏不服，图谋袭杀宇文护，护先发制人，杀赵贵，逼死独狐宫，护更由大司马迁往大冢宰，成为北周元辅，威权日盛。司会李植及军司马孙恒，参掌朝政，久居权变，劝孝闵帝尽早除之。谋泄，护出李植为梁州刺史，孙恒为潼州刺史，又与柱国贺兰祥、领军尉迟纲谋，逼令孝闵帝逊位，废为略阳公，迎立岐州刺史，宇文泰长子宇文毓。没过多久，护杀略阳公，更立宇文毓，是为北周明帝。

◎邓县出土的南朝牛车画像砖

小辞典 人物

刘义庆

南朝宋元嘉二十一年（444年），《世说新语》作者临川王刘义庆卒。

刘义庆（403年—444年），南朝宋小说家。彭城（今江苏徐州）人。刘宋王朝宗室，袭封临川王。曾任荆州刺史、江州刺史等职。《宋书·宗室传》说他“爱好文义”，“招聚文学之士，近远必至”。著有《徐州先贤传赞》、《典叙》及志怪小说《幽明录》等。他所编著的《世说新语》是魏晋轶事小说的集大成之作，有较高的认识价值和艺术成就，对后代文学的影响极大。《世说新语》通行本6 卷，36篇。

◎巩县第三四窟外景

◎南朝越窑莲蓬纹托盘面

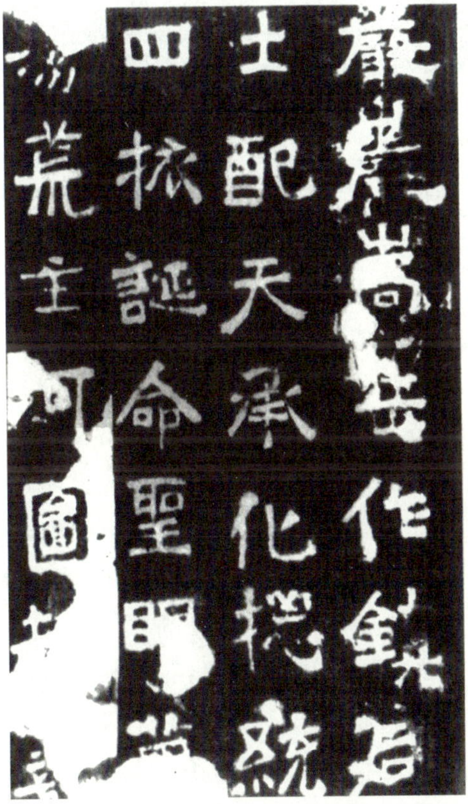

◎在今南京市存留的南朝石刻

小文化辞典

《木兰诗》

《木兰诗》是北朝长篇叙事民歌，收集在乐府诗集“梁鼓角横吹曲”里，是北歌中最杰出的作品。《木兰诗》记述了木兰女扮男装、代父从军的故事。木兰为了保全老父，毅然代他担负起出征的艰苦任务，表现了自我牺牲的精神。她身经百战，历时十年。胜利地完成使命，表现了坚强和勇敢。而凯旋后不受官爵，只愿意恢复普通劳动妇女的生活，又表现了纯朴高洁的胸襟。《木兰诗》不仅反映出北方游牧民族普遍的尚武风气，更主要的是表现了北方人民憎恶长期割据战乱，渴望过和平、安定生活的意愿。木兰这一出色的艺术形象，有力地说明了女子和男人同样有能力做出英雄豪杰的事业。同时也说明了女子有权利受到和男人同样的看待，这是人民的愿望的反映，对那个时代的重男轻女的成见是一个重大的冲击。

《木兰诗》是民间叙事诗，富有色彩，风格也比较刚健古朴，表现了民歌的艺术特点。连续运用复叠和排比的句调，造成姿致和音乐性；用拟问作答来刻画心理活动，细致入微；对偶句子简练工整，包含了丰富的含义；而语言的精练，更增强叙事气氛。《木兰诗》代表了北朝乐府民歌杰出的成就。《木兰诗》的艺术特色和思想内容对后世产生很大的影响。杜甫在《草堂诗》中就有意模仿了《木兰诗》中描述全家欢迎木兰时的表现手法。直到现在，木兰仍然是舞台银幕上经常出现的女英雄形象。

◎北魏名将李崇修筑的江汉大堤

萧衍建梁代齐

梁天监元年（502年）四月八日，萧衍称帝（是为梁武帝），国号梁，建元天监。

萧衍，字叔达，小名练儿，与齐萧氏同族，亦为兰陵郡兰陵县（今山东枣庄峄城镇附近）人。父顺之，曾辅族兄齐高帝萧道成篡夺刘宋天下，仕齐官至丹阳尹，颇为得意。母张尚柔，为西晋文学大家张华之后，学问博杂。衍幼承母训，琴棋书画、经史子集、星相占卜、骑射剑搏无不涉猎，有“神童”之称。出仕之初，为竟陵王萧子良所赏识，子良于西州鸡笼山开西邸，衍年甚轻，便与范云、萧琛、王融、沈约等并列为“西邸八龙”，成为风云人物。萧衍自其父于齐永明十年（492年）忧惧死后，对齐高帝之子孙怨恨渐深。曾助齐高帝兄子齐明帝篡位并戮杀齐高帝、武帝之子孙。后受明帝猜忌，不满，有取代萧齐之意。永泰元年（498年），为雍州刺史。时萧宝卷（东昏侯）当政，大诛朝臣，人心思乱，衍乘机筹备起事。永元二年（500年）十月，衍兄萧懿无罪为萧宝卷所杀。十一月，衍联络西中郎将长史萧颖胄，奉年仅13岁的荆州刺史萧宝融为主（是为齐和

◎梁武帝萧衍像

帝），正式起事。十二月，萧宝卷为属下所杀，建康被萧衍占领。萧衍逼萧宝融禅位，齐亡，萧衍称帝，国号梁，建元天监。大梁王朝终于建立。

萧梁以佛教为国教

梁武帝萧衍本信奉天师道，称帝后，于天监三年（504年）四月八日，突然集道俗二万人，发愿皈依佛教。他说："弟子经途迷荒，耽事老子，历业相承，染此邪法。习因善法，弃迷知返，今舍旧医，归凭正觉……化度含识，共同成佛。"从此以后，萧衍以苦行乐。每日仅食一顿饭，而且是"膳无鲜腴"。一顶帽子戴三年，一床被子盖两年，不饮酒，不听音乐，有"皇帝菩萨"之称。在他的提

◎梁华严经卷第廿九

倡下，梁朝官民信佛成风，佛教遂成为国教。

萧衍屡次舍身佛寺。至大通元年（527年）三月，他第一次到同泰寺舍身，三日后还宫。中大通元年（529年）九月，他第二次到同泰寺舍身，设四部无遮大会，脱掉皇帝服装，穿上和尚衣服，住在寺内便房中，素床瓦器，并于讲堂法座，为四部大众（僧、王、善男、信女）开讲《涅槃经》，由公卿以下群臣出钱一亿万奉赎，方才于十月回宫。太清元年（547年）三月，他第三次舍身同泰寺，群臣再以钱一亿万奉赎，这就是著名的梁武帝三次摇身同泰寺。梁武帝舍身奉佛的结果，一是建筑寺院，就花费大量钱财；二是直接将大量财物舍入佛寺；三是帝王崇佛，上行下效。

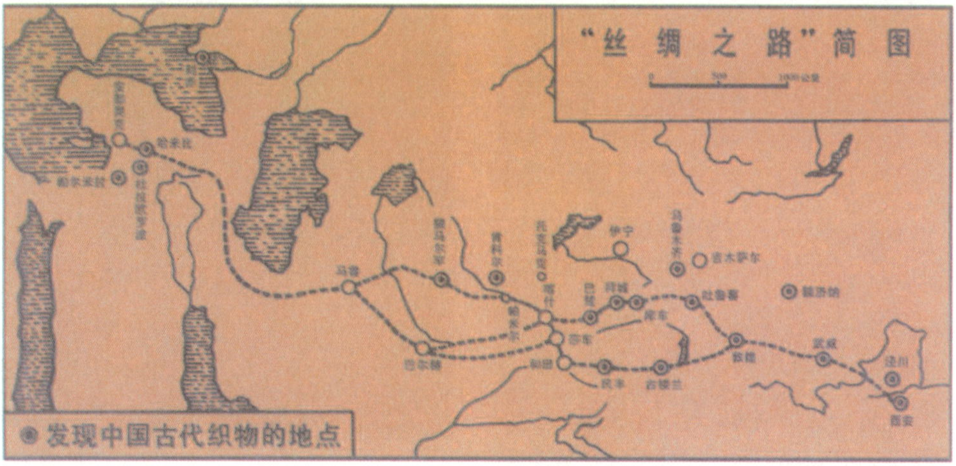

◎丝绸之路图

人物小辞典

兰陵王高长恭

兰陵王名为高长恭，一生参加了数次战役。其中广为传颂的一次就是历史上著名的“邙山大战”。564年，北方草原的突厥和黄土高原的北周对北齐发动进攻，北齐重镇洛阳被北周十万大军团团围困，北齐武成皇帝急忙调集军队前去解围。在洛阳城外，北齐援军发动了一次次进攻，都被北周军队击溃，眼看就要面临全军覆灭的境地。这时，受命为中军将的兰陵王戴着“大面”，身穿铠甲，手握利刃，率领五百精骑，奋勇杀入周军重围，势如破竹，一直杀到洛阳城下。守城的北齐军队被困多日，不敢贸然开门，兰陵王摘下面胄，城上的北齐军立即欢呼起来，打开城门，与城外大军合兵一处，奋勇杀向周军，周军大败。《北齐书》书载：“邙山之败，长恭为中军，率五百骑再入周军，遂至金墉之下，被围甚急，城上人弗识，长恭免胄示之面，乃下弩手救之，于是大捷。武士共歌谣之，为《兰陵王入阵曲》是也。”又有史书记载：周军“丢弃营寨，自邙山至谷水，三十里中，军资器械，弥满川泽”。正是这次大捷，使得兰陵王威名远扬遍播天下，北齐皇帝加封他为尚书令。

◎梁南康简王萧绩墓石刻全景

侯景之乱

侯景字万景，羯人。他骁勇善战，曾参加过六镇大起义。起义军一显败势，他马上投靠尔朱荣，反戈一击，协助尔朱荣消灭起义军，并因此而获封赏，被任命为定州刺史。高欢起兵攻灭尔朱氏时，他因为年青时跟高欢私交甚好，于是转而投奔高欢。高欢重用他，将他升到河南道大行台（河南最高军政长官）。他在河南成一方诸侯，专制多年，是高欢最得力的助手。

侯景为人自负，多疑善变，反叛成性，平生只服高欢一人。梁太清元年（547年）正月，高欢病死，他的儿子高澄继位，想把侯景从河南调回，剥夺他的兵权。侯景一看不妙，马上举兵反叛，用河南13州的土地降附西魏。宇文泰老谋深算，对侯景的为人早已了如指掌，他一面派大军接收土地，一面又示意侯景交出军队，到长安来朝见。二月，西魏封侯景为太傅，河南道行台，上谷公。侯景无奈，在东、西魏大军压境的形势下，又谋向南面的梁投降。这时的梁武帝萧衍已经在江南称帝46年，自觉文治有余，武功不足，常想收复中原，成一统大业，听得侯景这个军阀来投降，马上封侯景高官显爵，同时派5万大军北攻，牵制东魏兵力。结果派去的5万梁军吃了败仗，损失惨重。

太清二年（548年）正月，东魏派大将慕容绍宗进攻侯景。侯景大败，走投无路之际，只得率领800残兵奔梁。他骗开梁寿阳城门，遂杀守将，据寿阳暂时栖身。萧衍得知，十分恐慌，便任命他为南豫州刺使，让他镇守寿阳。东魏设计离间萧衍和侯景。萧衍与东魏达成协议：东魏放回梁军战俘，萧衍交出侯景。侯景得知大怒，强行在寿阳招募兵马，于太清二年（548年）八月起兵反叛。萧衍得知侯景造反，依仗自己有长江天险，并不放在心上。哪知侯景早已勾结阴谋篡位的萧衍之侄萧正德，二人合谋内应外合。十月萧正德秘密用大船将侯景的兵马接过长江。侯景渡江之后，经两日行军，抵达建康城下，包围了台城（今江苏南京鸡鸣山南）。次年三月台城陷落。侯景在城内大肆屠

◎梁释迦立佛像（碑阴）

◎梁释迦立佛龛

杀，20多万居民只幸存2000多人，繁华的建康几乎成了一片废墟。

梁武帝萧衍忧愤交加，五月在被囚禁的宫中饿死。

侯景在没有进入建康之前，曾立萧正德为帝；攻陷建康后他便一脚踢开狼狈为奸的同党，将萧正德废去。太清三年（549年）五月二十七日，侯景立梁太子萧纲为帝，即梁简文帝。六月二十九日，侯景绞杀萧正德，从此大权独揽，为害江南。次年，梁改元大宝。侯景为了把持朝政，拼命地给自己封官。大宝元年（550年），侯景自己加封“宇宙大将军”，都督“六合”诸军事。侯景还派兵攻下吴郡、吴兴、三吴这些富庶的地区，大肆劫掠人口卖到北方，使这些地方的人民几乎死尽散绝。大宝二年（551年）四月，侯景向西出兵攻荆州，却很不顺利，被荆州刺史、湘东王萧绎的大将王僧辩击退。侯景回到建康，认为立威不足，于是先将简文帝萧纲废了，不久又将其害死；接着立豫章王萧栋为帝，不久也将他废了。十一月，侯景自己称帝，改国号为汉，年号为太始。552年，王僧辩、陈霸先连连击败侯景军队，进驻建康城下。侯景见大势已去，跟心腹几十人仓皇东逃。四月，梁将羊鹍将他杀死。王僧辩砍下他的双手送给北齐高洋，又砍下他的头颅送给湘东王萧绎。

侯景在江南专权达三年之久，老百姓饱受其害，生产遭到了毁灭性的破坏，富庶的江南白骨遍野，十室九空，田地荒芜，经济凋敝。

文化小辞典

瘗鹤铭

南朝梁武帝天监十三年（514年），华阳真逸撰写《瘗鹤铭》文，上皇山樵书，为南朝最著名的碑刻之一。刻石的时代和作者的真实姓名历来未有定说，一般认为是“华阳隐居”陶弘景的书作。

《瘗鹤铭》是摩崖刻石，位于焦山（今属江苏镇江）。原来刻在焦山西麓石壁上，后因遭雷击而崩落长江水中，直至清康熙始由人挖掘出来，移入焦山定慧寺壁间。《瘗鹤铭》用笔奇峭飞逸，字体厚重高古，虽为楷书，但带有行书和隶书的笔法意趣，实为刻石艺术佳品。

此碑刻妍质并茂，向为历代书家所推重。黄庭坚曾赞叹说：“大字无过《瘗鹤铭》。”米芾、陆游等名士都在石旁题名作记，对它评价很高。

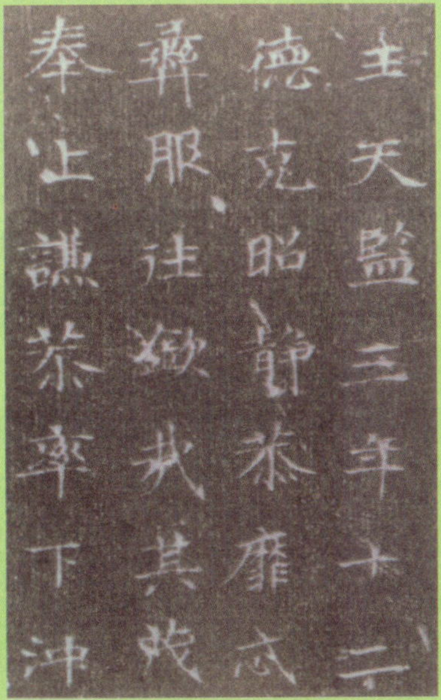

◎瘗鹤铭

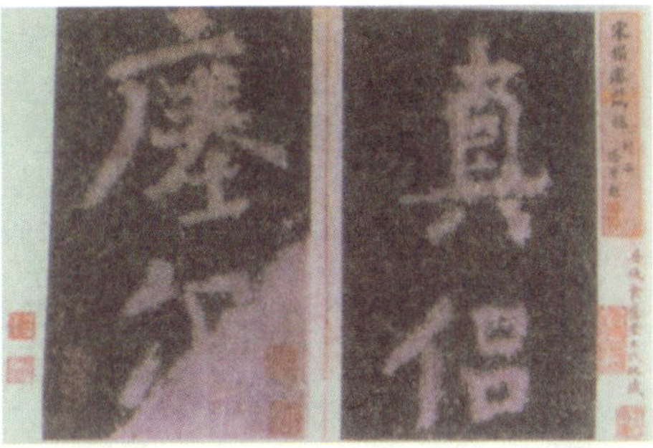

◎瘗鹤铭

◎瘗鹤铭

菩提达摩东来

梁普通元年、北魏正光元年（520年），南天竺高僧菩提达摩泛海至广州。南天竺高僧菩提达摩（或云波斯人）相传为刹帝利种，曾从西天禅宗廿七祖般若多罗受心法，自称廿八祖。本年泛海至广州。曾入建康，与萧衍（梁武帝）面谈不契，遂渡江到（北）魏，往嵩、洛、邺等地传法。达摩之学，以“楞伽”四卷为本，变次第之禅为顿修顿悟之禅，号称“教外别传”，初时并不盛行。后得弟子慧可，传与心法及袈裟，作偈称：

“吾本来兹土，传法救迷情。一华开五叶，结果自然成。”预言所创“禅宗”将来必定大盛。中大通六年（东魏天平元年，534年），卒于洛滨，后世尊为东土禅宗始祖。禅宗衣钵相传，至六祖慧能将儒家思想部分融入禅宗之中，使禅宗成为中国式的佛教大宗。

◎菩提达摩渡江图碑

◎少林寺

◎南朝经变故事浮雕。此为造像碑碑阴，上部残缺，中部断裂。所刻经变故事，以山石相连，形成一体。碑两侧各分八格，内刻经变与佛主相关的各类物象。该浮雕琢刻精细，不仅标志着南朝雕刻艺术的成就，同时亦为研究中国早期山水画的风貌提供了实物资料。

南朝情歌绮艳

情歌是南朝乐府民歌的主体，主要在东晋、宋、齐三代产生和繁荣。南朝的乐府民歌大多数是绮艳的情歌，这和江南的自然条件和文化传统密切相关，江南俊山秀水，江南人亦没有北方人般粗犷直率，故而写出的情歌大多委婉、含蓄。南朝的乐府民歌流传下来的近五百首，大多收集在宋代郭茂倩的《乐府诗集》中，主要分为吴声歌和西曲歌，其中吴声歌三百二十六首，西曲歌一百四十二首，产生于长江流域和汉河流域。吴

◎南朝青瓷莲花尊。通体施青色釉，釉层不匀，釉厚处呈泛绿色，晶莹光泽。此器造型优美别致，反映我国这一时期制瓷工艺的明显特点。

声歌和西曲歌的内容全是艳曲情歌，大多出自女子之口。一般说来，南朝情歌体裁短小；语言清新自然，明白为话，通俗流丽，修辞上多用双关，想象生动，抒情含蓄，构成了缠绵婉转的格调，又有浓厚的生活气息。代表南朝情歌艺术上最高成就的是《西洲曲》。乐府诗集将这首抒情长诗归在“杂曲歌辞”中，长诗描写一个女子向远在西洲的情人倾吐相思之情。作者善于借助景物的变化来刻画这个女子的情感起伏，全诗运用双关语、接字等修辞，构成了缠绵无尽、委婉细腻的情调，是南朝情歌中艺术手法最有成就的作品。

周武帝攻北齐

北周建德四年（575年）和五年（576年），武帝宇文邕两度御驾亲征，率大军东攻北齐。

北周武帝宇文邕于天和七年（572年）诛杀权臣宇文护后，开始亲政。他集权中央，进一步扩大了府兵的来源；又禁毁佛、道，将僧众纳入均田

◎宋摹本梁萧绎《职贡图卷》

◎宇文邕像

农民之列，令壮者从军；还多次下诏释放奴婢。这一系列政治改革，促进了社会进步，国力渐强，兵力日盛。北周还与突厥和亲，稳定边境；并于建德三年（574年）平定卫王宇文直谋反，稳定了国内局势。

此时，正值北齐内政败坏，武帝认为灭齐时机已成熟，便与诸将谋划伐齐。北周在边境加兵储粮，但北齐军知晓此事，增强了边境防御。北周柱国于翼建议与北齐修好，使北齐防御松懈，才能出其不意，攻其不备；大将韦孝宽也上疏呈灭齐三策。建德四年（575年）三月，武帝派伊娄谦、元卫出使北齐，探听虚实。七月十九日，武帝下诏伐北齐。

北周以柱国陈王宇文纯、荥阳公司马消难、郑公达奚震为前三军总管。以越王宇文盛、周昌公侯莫陈琼、赵王宇文招为后三军总管。齐王宇文宪领军2万赴黎阳（今河南浚县东）；隋公杨坚领水军3万自渭水入黄河；梁公侯莫陈芮领2万军守太行道（今河南孟县），切断并、冀、殷、定诸州之兵；申公李穆领3万兵守河阳道（今河南洛阳东北），以切断外援，常山公于翼领兵2万出陈（今河南淮阳）、汝（今河南临汝）；武帝御驾亲征领大军6万赴河阴（今河南洛阳西北）。北周总计发兵17万以上。八月，武帝遣使赴陈朝，共商讨伐北齐。同月，北周大军进入北齐境内，攻陷河阴，进围洛口（今河南巩县东北），取东、西二城，但其中潼城久攻不下。武帝亲领军攻洛州（今河南洛阳）亦不克。齐王宇文宪、于翼、李穆诸军则所向披靡，攻下30余城。九月，北齐丞相高阿那肱自晋阳（今山西太原）领军抵抗北周兵，恰逢武帝染疾，周军只得退兵弃城。

北周建德五年（576年）十月四

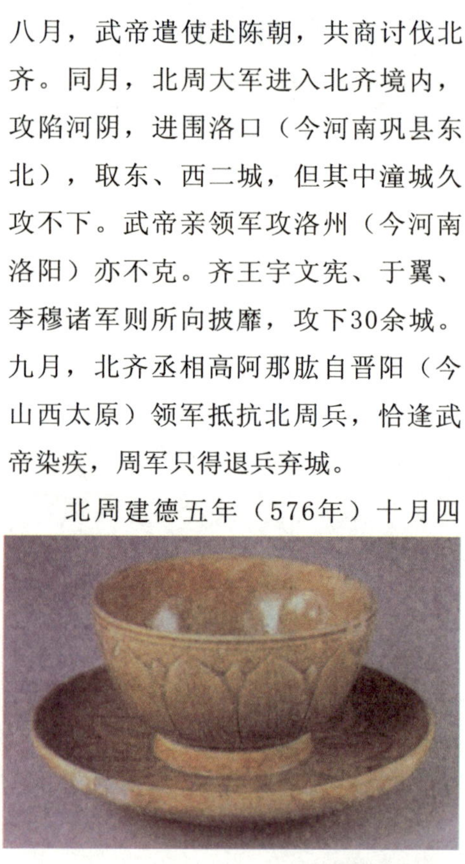

◎南朝青瓷莲瓣纹托碗

日，北周武帝亲自为统帅，发兵14.5万，再次伐北齐。北齐守将崔景嵩向后主高纬告急，后主却只顾与冯淑妃玩乐，根本不管军情。崔景嵩无后援，于是降周；北齐行台仆射海昌王尉相贵亦被北周所俘。北周各路大军皆有进展，北齐守将纷纷投降。十一月，齐后主高纬领援军抵平阳（今山西临汾西南）。武帝留兵一万，令梁士彦坚守晋州，周军主力撤出晋州以避其锋芒。齐军追击，被周齐王宇文宪斩其骁将贺兰豹子等，北齐军方退。武帝领大军回长安休整。梁士彦领军抗击北齐军的昼夜攻击，长达一个月。十二月，武帝领各路援军8万余人回援晋州。两军对阵时，齐后主竟与冯淑妃观战取乐。两军交战后，后主胆怯，带淑妃逃走。于是齐军大溃，周军歼齐军万余人，入晋城与梁士彦师会合。北齐后主高纬退回晋阳，后又退回邺城（今河北磁县南），留安德王高延宗守晋阳。众将帅请高延宗称帝，不得已，高延宗于十二月十四日即帝位，随后整顿军马抵抗北周的围攻。高延宗亲自领全城军民抵抗。至傍晚，东门被攻破，但齐主高延宗率军夹击，周军败，战死两千余人。十七日晨，武帝再破东门，高延宗被俘，晋阳城被北周军占领。北周第二次伐齐大胜，朝不久后灭北齐迈出了决定性的一步。

文化小辞典

《神灭论》

南朝齐永明七年（489年），范缜著《神灭论》，提出“形灭神灭”的观点，引起全国轰动。

范缜（450年—515年），字子真，南阳舞阳（今河南泌阳县西北）人。自小家贫而孤，他刻苦学习，精通经术，尤其精研三礼，曾任县主薄、太守，后来累官至尚书殿中郎。他性格刚直，素来不信鬼神，反对迷信，在任宜都太守时，下令禁止当地人民祭祀神庙。在南齐武帝永明七年（489年）和丞相肖子良论证“因果报应”问题后，开始著述《神灭论》。这本书继承了我国古代唯物主义思想家反对鬼神迷信的优良传统，坚持朴素唯物主义和无神论观点。范缜在《神灭论》中，首先以朴素唯物主义的形神一元论作为自己“神灭”论的出发点，提出“形神相即”的思想理论，他说明了形和神的关系是统一而不可分的，人的精神不能离开人的形体而单独存在。形体是基础，精神的“生”和“灭”取决于形体的生存和死亡，所以他说“形存则神存，形谢则神灭”。为了论证“形神相即”，形体与精神名称不同而实际是一体的观念，范缜继而提出“形质神用”的观点。“质”是物质实体，“用”指作用，他说形是神赖以产生的实体，是第一性的，神只是形体派生出来的作用，是第二性的，二者不可分割。范缜深刻地阐明了人的形体与精神关系的特点，把形神看作是一个统一体的两个方面。

◎南朝青瓷莲花尊

西魏破江陵时，萧绎（梁元帝）死难，陈霸先与王僧辩其迎晋安王萧方智为帝（梁敬帝），北齐趁江南动荡，以大兵临江，强迫以被北齐俘虏的贞阳侯萧渊明替代萧方智为帝，王僧辩在这种危急的情况下惧怕北齐过江，加上他有自己个人的打算，所以接受了北齐的要求，当然他这种举动遭到了江南人民的强烈反对。

就在此时，陈霸先乘机从京口起兵偷袭石头城，杀死王僧辩，废掉已被王僧辩拥立的萧渊明，重新拥立萧方智为帝，自此以后，陈霸先是借自己的文韬武略，有力地击退了北齐的南下侵略，铲平了王僧辩余党的反叛行为，在自己地位巩固后，陈霸先

◎南朝青釉莲花檠。高2.2 厘米，盘径14.7 厘米。这是青瓷灯檠。柱的下端塑莲花两朵，造型美观别致。

陈霸先建陈

陈霸先（503年—559年），字兴国，小字法生。原籍颍川，南渡为吴兴长城（今浙江长兴）人，从小家庭贫寒，却好读兵书，初仕乡为里司，后至建康，为油库吏，后为新喻侯萧映传教，萧映当时是广州刺史，于是陈霸先随萧映来到广州，为中直兵参军。因陈平乱有功，被提拔为西江督护，高要太守，不久又因平交州李贲乱事有功，梁武帝萧衍亲自召见他并授予直阁将军，封号新安子，侯景发动叛乱时，陈霸先募集士率3万人，与王僧辩联合讨伐侯景，平定叛乱后，又因功受赏，以功为司空，领扬州刺史，镇京口。

◎陈霸先像

矫诏封自己为陈公，不久以后，又进封自己为陈王，最后，陈霸先在557年十月六日，逼迫自己拥立的萧方智让位于己，梁朝至此灭亡，共历四帝五十六年，十月十日，陈霸先称帝，国号陈，建元永定。

冼夫人治岭南

冼夫人，高凉（今广东阳江西）人，高凉冼氏，世世代代为南越首领，其部落下属有十余万家。冼氏自幼贤明大义，在邻里乡居中有很高的威信，并且能行军用师，抚循部众，

◎北响堂第七窟异兽

高凉太守冯宝与之结为夫妻。冯宝原本是北燕的后裔，后投奔宋，留居在新会，冯宝祖父冯业至宝四代为守牧，但他乡羁旅，号令不行，冯宝娶了冼夫人后，冼夫人颁布诫约，约束本宗的行为，使跟从的百姓形成有礼貌的习惯。每次与夫君在一起参与审理有关诉讼案件，首领有犯法的人，即使是与自己有关的亲族，也不会轻松包庇。自此以后，政令有序，人莫敢违，陈永定二年（558年），冯宝死了，岭南于是开始大乱。

冼夫人在岭南动乱中代掌诸事，怀集百越，数州晏然，维持了一个好的社会秩序，当时他的儿子冯仆才九岁，冼夫人派遣冯仆率领诸酋长入朝，后拜阳春郡守。太建二年（570年），广州刺史欧阳纥在岭南谋反，诱使冯仆与之一起作乱，冼夫人发兵拒守，率领诸酋长迎接陈官军章昭达，欧阳纥未能抵抗，于是溃败，朝廷派使者册封任命冼夫人为高凉郡太

夫人，一如刺史之仪，自陈代到隋文帝杨坚初平江南之际，冼夫人一直是稳定珠江流域政治局面的重要支持力量。

◎冼夫人像

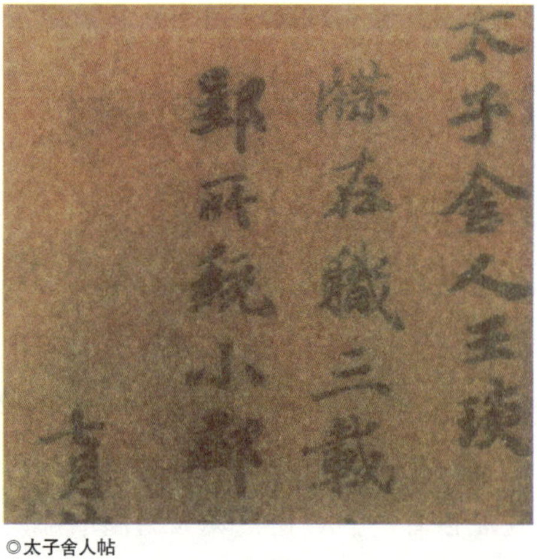

◎太子舍人帖

北周灭北齐，统一北方

建德六年（577年）二月，北周灭北齐，统一了北方国土。

北周武帝于建德四年（575年）七月，建德五年（576年）十月两次伐齐，占领了北齐重镇晋阳。北齐后主逃归邺都（今河兆磁县南），欲招募士兵，但又不愿出赏，也无诚意感召将士重振军威。周武帝却正相反，以缴北齐珍宝赏赐军士，士气更旺。

北齐武平七年（576年）十二月，周武帝领兵攻邺城，北齐后主高纬毫无主见，与群臣面面相觑，束手无策。后主为逃避责任，于北齐承光元年（577年）正月一日禅位给8岁的儿子高恒，即幼主，改元承光，高纬自为太上皇帝。三日，北齐太皇太后、太上皇后等由邺都逃往济州；九日，北齐幼主高恒亦领亲信东逃；十九日，北齐太上皇帝高纬亦率百骑东逃。二十日北周军攻克邺城。二十一日，高纬逃到济州，与家小会合后，授意高恒让位给驻守瀛州的任城王高湝，高纬自称无上皇，称高恒为守国天王。接着，高纬全家等南逃青州欲投奔陈，被北周大将尉迟纲追上俘虏。二月，高湝在信都（今河北冀县）集中四万余兵力，企图恢复失地，被北周齐王宇文宪击败，高湝被

◎南朝狮形烛台

俘。至此，北齐境内所辖地方行台、州、镇，除东雍州（今山西新绛）行台付伏、营州（今辽宁朝阳）刺史高宝宁外，其余全部归于北周，总计得50州，162郡，380县，333万多户，自此北周统一北方。

周灭齐统一北方，客观上促进了北方各民族融合的历史进程的完成，形成了一个充满活动力的新汉族，为进一步的南北方统一作了准备。

陈霸先设无遮大会

侯景叛乱反梁时，建康佛教寺院经常遭兵乱骚扰，以致大多变为废墟，陈霸先称帝之初，即有意复兴佛教。南齐时，僧统法献于乌缠国得佛牙，藏于建康定林上寺，梁天监末，归摄山庆云寺沙门慧兴保管，慧兴临终交给其弟慧志，承圣末江南动荡，慧志秘送之于陈霸先，陈霸先于称帝后第五天也就是永定元年（557年）十月十五日，即从杜姥宅取出佛牙，设无遮大会，亲临膜拜，不久，又修复建康被毁佛寺700所，造佛像100多万躯，以及陈氏先祖等身像12躯，次年（558年）五月二十九日，陈霸先更效仿梁武帝萧衍，往大庄严寺舍身，三十日，群臣表请还宫，十二月五日，又亲往大庄严寺设无遮大会，舍乘舆法物，群臣备法驾奉迎，即日还宫，后来，陈叔宝（后主）亦曾往弘法寺舍身，君主带头崇佛，臣民自然竞相仿效，佛教很快在陈朝复兴。

◎南响堂第七窟窟顶藻雕饰

萧庄即帝位

公元557年10月10日，陈霸先（陈武帝）即位，王琳占据郢、湘、江三州。558年正月，王琳向北齐求援，请求在北齐为人质的萧绎之孙永嘉王萧庄来主持梁国的事务。558年3月，北齐派遣年仅11岁的萧庄到江南，于是王琳立萧庄为帝，同时定都在郢州。559年6月，陈霸先卒。11月2日，王琳联合北齐兵力一起进攻大雷大破陈军。与此同时，北周见王琳已经率兵东下，乘机派兵袭击郢州和湘州二地，王琳军得知这个消息后，军心大为动摇，士气也为之低落。陈天嘉元年（560年）二月十四日，王琳军队由于军心涣散被陈军击败，军中士兵死亡惨重，几乎全军覆没，同时，与王琳军结为联军的北齐援军也死亡了十之七八，王琳携带妻妾侍从10余人，连同萧庄一起投降北齐，就在此时，陈军乘胜追击西上，收复了失去的江、湘、郢三州，到这个时候，陈政权才基本上稳固下来。

◎宋摹本北齐校书图卷（部分之一）

◎宋摹本北齐校书图卷（部分之二）

◎宋摹本北齐校书图卷（部分之三）

陈顼夺陈帝位

陈太建元年（569年）正月初四，安成王陈顼夺陈帝位，为陈高宗宣皇帝。陈顼，字绍世，小字师利，武帝陈霸先兄次子，陈文帝茜之弟。永定三年（559年）封安成王。陈茜与北周交战时，江陵沦陷，陈顼和武帝之子陈昌同时被俘，押解到北周境内。武帝去世时，皇子陈昌还未被放回，朝廷不得已而拥陈茜（文帝）即位。天嘉三年（562年），北周将陈顼释放回建康，朝廷对他委以重任，授以侍

◎南朝神柱石雕

中、中书令、中卫将军等官职，后又升迁扬州刺史、骠骑将军、尚书令。

文帝去世后，太子伯宗年幼即位（即废帝），陈顼与仆射到仲举，中书舍人刘师知、阴不佞等并受遗诏辅政。陈顼既为皇叔，又兼宰相，位高权重，对皇位颇有觊觎之心。光大元年（567年）二月，刘师知、到仲举欲罢除陈顼尚书令之职，使其专为扬州刺史。陈顼抢先和太皇太后勾结，将刘、到二人逮捕下狱，发动政变，把军国大权尽抓在手。光大二年（568年）十一月，太皇太后下令，借口废帝伯宗与刘师知、华皎等通谋，废伯宗为临海王，而立安成王陈顼。

次年（569年）正月，安成王即帝位，改元太建。陈顼夺帝位成功。

陈出兵北伐大败

陈太建九年（577年）至十年（578年）年间，陈军伐北周失利，全军被俘。

北周开始伐北齐时，邀陈出兵，约定共分北齐天下。陈宣帝陈顼于太建五年（573年）三月，派镇前将军吴明彻为帅领军10万攻北齐，淮南失地全部收复，但未乘胜追击。北周灭北齐后，陈宣帝于太建九年（577年）十月派吴明彻领兵北伐北周，想与北周争夺徐州、兖州。太建十年（578年）二月，陈军围彭城。周武帝派上大将军王轨救援。王轨率军绕到陈军背后，用铁锁串数百车轮沉入泗水，以阻断吴明彻水军退路。陈将萧摩诃力请袭击周军，吴明彻不从。10天之内，水路为周军阻断，北周大军赶来，陈军始突围。吴明彻命萧摩诃领骑兵为前锋，自领水师为后继。二十七日，陈军决开堰坝，乘水势退兵，到清口（今江苏清江北）被周军所沉车轮困阻，无法入淮河。王轨领兵围陈军，陈军无路可逃，吴明彻与3万士兵全部被俘，仅萧摩诃领骑兵突围还师。

◎陈宣帝

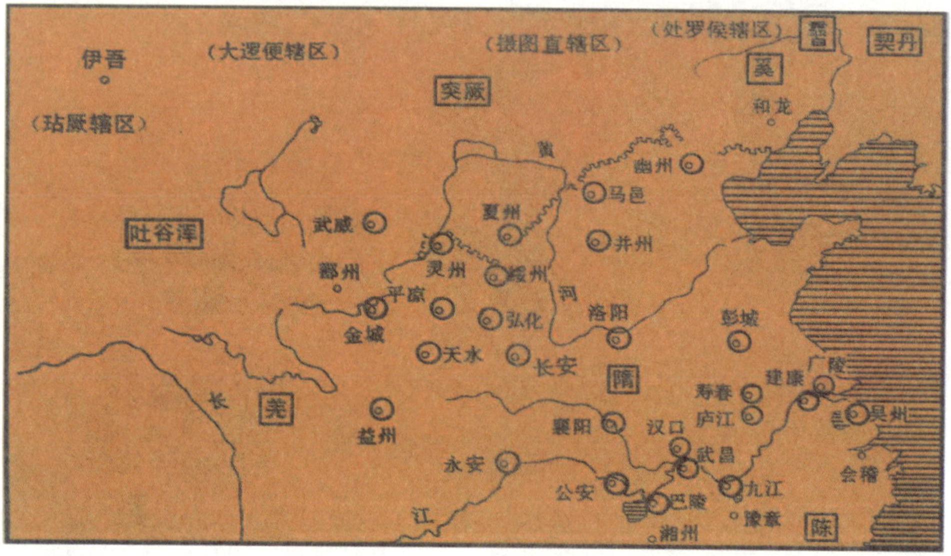

◎南北朝末期形势图